复旦学前云平台
fudanxueqian.com

复旦学前云平台
数字化教学支持说明

　　为提高教学服务水平，促进课程立体化建设，复旦大学出版社学前教育分社建设了"复旦学前云平台"，以为师生提供丰富的课程配套资源，可通过"电脑端"和"手机端"查看、获取。

【电脑端】

　　电脑端资源包括 PPT 课件、电子教案、习题答案、课程大纲、音频、视频等内容。可登录"复旦学前云平台"www.fudanxueqian.com 浏览、下载。

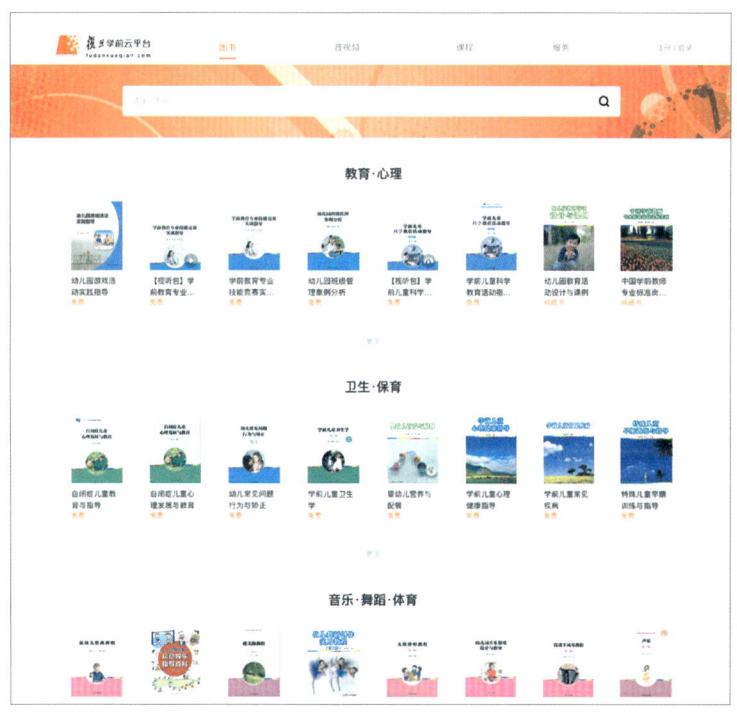

Step 1　登录网站"复旦学前云平台"www.fudanxueqian.com，点击右上角"登录 / 注册"，使用手机号注册。

Step 2　在"搜索"栏输入相关书名，找到该书，点击进入。

Step 3　点击【配套资源】中的"下载"（首次使用需输入教师信息），即可下载。音频、视频内容可通过搜索该书【视听包】在线浏览。

PPT 课件、音视频、阅读材料：用微信扫描书中二维码即可浏览。

扫码浏览

【更多相关资源】

更多资源，如专家文章、活动设计案例、绘本阅读、环境创设、图书信息等，可关注"幼师宝"微信公众号，搜索、查阅。

平台技术支持热线：029-68518879。

"幼师宝"微信公众号

总　序

　　学前教育是国民教育体系的重要组成部分，是终身教育的开端，幼儿教师教育担负着学前教师职前培养和职后培训、促进教师专业成长的双重任务，在教育体系中具有职业性和专业性、基础性和全民性的战略地位。

　　自1903年湖北幼稚园附设女子速成保育科诞生始，中国幼儿教师教育走过了百年历程。可以说，20世纪上半叶中国幼儿教师教育历经从无到有、从抄袭照搬到学习借鉴的萌芽、创建过程；新中国成立以后，幼儿教师教育在规模与规格、质量与数量、课程与教材建设等方面得到较大提升与发展。中国幼儿教师教育历经稳步发展、盲目冒进、干扰瘫痪、恢复提高和由弱到强的发展过程。

　　1999年3月，教育部印发《关于师范院校布局结构调整的几点意见》，幼儿教师教育的主体由中等教育向高层次、综合性的高等教育转变；由单纯的职前教育向职前职后教育一体化、人才培养多样化转变；由独立、封闭的办学形式向合作、开放的办学形式转变；由单一的教学模式向产学研相结合的、起专业引领和服务支持作用的综合模式转变。形成中专与大专、本科与研究生、统招与成招、职前与职后、师范教育与职业教育共存的，以专科和本科层次为主的，多规格、多形式、多层次幼儿教师教育结构与体系。幼儿教师教育进入由量变到质变的转型提升进程，由此引发了人才培养、课程设置、教学内容等方面的重大变革。课程资源，特别是与之相适应的教材建设成为幼儿教师教育的当务之急。

　　正是在这一背景下，"全国学前教育专业系列教材"编审委员会在广泛征求意见和调查研究的基础上，开始酝酿研发适应幼儿教师教育转型发展的专业教材，这一动议得到有关学校、专家的认同和教育部师范教育司有关领导的大力支持。2004年4月，复旦大学出版社组织全国30余所高校学前教育院系、幼儿师范院校的专家、学者会聚上海，正式启动"全国学前教育专业系列"教材研发项目。2005年6月，第一批教材与广大师生见面。此时，恰逢"全国幼儿教师教育研讨会"召开，研讨会上，教育部师范教育司有关领导对推进幼儿教师教育优质课程资源建设作出指示："一是直接组织编写教材，二是遴选优秀教材，三是引进国外优质教材；开发建设有较强针对性、实效性、反映学科前沿动态的、幼儿教师培养和继续教育的精品课程与教材。"

结合这一指示精神,编审委员会进一步明确了教材编写指导思想和教材定位。首先,从全国有关院校遴选、组织一批政治思想觉悟高、业务能力强、教育理论和教学实践经验丰富的专家学者,组成教材研发、编撰队伍,探索建立具有中国幼儿教师教育特色、引领学前教育和专业发展的、反映课程改革新成果的教材体系;努力打造教育观念新、示范性强、实践效果好、影响面大和具有推广价值的精品教材。其次,建构以专科、本科层次为主,兼顾中等教育和职业教育,多层次、多形式、多样化的文本与光盘相结合的课程资源库,有效满足幼儿教师教育对课程资源的需求。

经过近十年来的教学实践与检验,教材研发的初衷和目的初步实现。截至2014年4月,系列教材共出版160余种,其中8种教材被教育部列选为普通高等教育"十一五"、"十二五"国家级规划教材,《手工基础教程》被教育部评选为普通高等教育"十一五"国家级精品教材,《幼儿教师舞蹈技能》荣获教育部教师教育国家精品资源共享课,《健美操教程》获得教育部"教育改革创新示范"教材;系列教材使用学校达600余所,受益师生数十万人次。

伴随国务院《关于当前发展学前教育的若干意见》和《国家中长期教育改革和发展规划纲要(2010—2020年)》的贯彻落实,幼儿教师准入制度和标准的建立、健全,幼儿教师教育面临规范化、标准化、专业化和前瞻化发展的机遇与挑战。一方面,优质学前教育资源已成为国民普遍地享受高质量、公平化、多样性学前教育的新诉求。人才培养既要满足当前学前教育快速发展对幼儿师资的需求,还要确保人才培养的高标准、严要求以及幼儿教师职后教育的可持续发展;另一方面,学前教育专业向0~3岁早期教育、婴幼儿服务、低幼儿童相关产业等领域拓展与延伸,已然成为专业发展与服务功能发挥的必然趋势。这一发展动向既是社会、国民对专业人才的要求与需求,也是高等教育服务社会、培养高层次专业人才的使命。为应对机遇与挑战,幼儿教师教育将会在三个方面产生新变化:一是专业发展广义化,专业方向多元化,人才培养多样化,教师教育终身化;二是课程设置模块化,课程方案标准化,课程发展专业化和前瞻化;三是人才培养由旧三级师范教育(中专、专科、本科)向新三级师范教育(专科、本科、研究生)稳步跨跃。

为及时把握幼儿教师教育发展的新变化,特别是结合《教师教育课程标准(试行)》及《3-6岁儿童学习与发展指南》的颁布,编审委员会将与广大高校学前教育院系、幼儿师范院校共同合作,从三个方面入手,着力打造更为完备的幼儿教师教育课程资源与服务平台。第一,探索研发应用型学前教育专业本、专科层次系列教材,开发与专业方向课程、拓展课程、工具性课程、实践课程和模块化课程相匹配的教材,研发起专业引领作用的幼儿教师继续教育教材;第二,努力将现代科学技术、人文精神、艺术素养与幼儿教师教育有效融合并体现在教材之中,有效提升幼儿教师综合素养;第三,教材编写力图体现幼儿教师教育发展趋势与专业特色,反映优秀中外教育思想、幼儿教师教育成果,全面提高幼儿教师教育质量;第四,建构文本、多媒体和网络技术相互交叉、相互整合、相互支持的立体化、网络化、互动化的幼儿教师教育课程资源体系,为创建具有中国特色的幼儿教师教育高品质专业教材体系贡献我们的力量。

"全国学前教育专业系列教材"编审委员会

2014年4月

普通高等学校学前教育专业系列教材

图案·装饰
——幼儿园平面设计与环境创设

主　编　沈建洲

副主编　尹立峰　刘　静

编　委（按姓氏笔画排列）

尹立峰　刘　静　张玉洁　沈建洲

苏　鹏　庞　颖　金红莲　赵　晶

高玉臣　焦丽霞　雷　莹

复旦大学出版社

内容提要

本书从高等学校学前教育专业和幼儿师范院校应用型专业人才培养的特点、要求出发，结合幼儿园环境创设与装饰的现实需要，将图案的种类与艺术特征、图案的形式美、图案的色彩与表现、图案的造型、美术字、贺卡与招贴、幼儿园常用平面设计与装饰等内容，有机地整合为一个具有学前教育专业特点的图案装饰体系。

这一体系分别由八个教学单元来呈现，并遵循图文并茂、由浅入深、理论联系实际，注重举一反三、学以致用的编写原则，在突出基础性、选编内容实用易懂、绘制技能简便易行、便于学习和操作、保持基础图案体系完整的基础上，每个教学单元都在不同程度上与幼儿园教育、环境创设相结合；全书配有与内容紧密联系的图案作品、相关图片近600幅，力图反映幼儿园环境装饰美化的新趋向；每个教学单元都有精心设计的"教学提要"、"思考与练习"和"教学图例"，便于师生对内容的把握和实践；教材还专门组织了幼儿园常用平面设计与装饰内容，以凸显幼儿教师教育特色。

本书供高等学校学前教育专业和幼儿师范院校使用，幼儿园或其他学前教育机构教师、管理人员继续教育、进修、自修均适合选用。

Preface

前　言

　　图案,作为幼儿教师教育的专业技能课程,不仅能够提高学生对美的欣赏能力,而且还能在生活、工作中有目的地创造美,得到美的熏陶和享受。

　　在幼儿园,无论是外部区域还是活动室环境创设都离不开图案装饰。运用所掌握的图案装饰知识和技能,装点和美化幼儿园环境,使幼儿生活在美观、整洁、舒适的环境里,并在有序的形式美的熏陶中感受美、体验美、表现美,进而习得并能够初步遵循形式美的法则与规律,对幼儿身心健康发展具有积极的促进作用。

　　本教材的编写立足于专业人才培养,突出学前教育专业特点,以图案装饰的基础知识和技能掌握为目的,以熟练应用于幼儿教育实践为基本价值取向。在强调图案基础知识、技能掌握和设计应用能力的基础上,依据美术教育规律、幼儿园装饰美化的需要,结合学前教育专业教学实际,全面体现幼儿教师教育特色,为形成和丰富幼儿园精神文化内涵奠定职业基础。

　　本书的编写具有以下几个特征:首先,本教材正确把握图案基础内容的系统性、结构的合理性和概念的科学性;其次,在内容的阐述、示例图片上力求体现图案装饰、幼儿园环境创设的发展趋势和学前教育专业特点;再次,以教学单元来呈现教材内容结构:一方面,在具体的教学时间段上,能够有效保证教学内容的相对独立性和完整性,另一方面,便于教师根据教学需要和学生实际,调整教学内容的顺序;最后,在遵循图案体系的系统性、形式美的基础上,关注应用中的个别性和细节美(如,幼儿园常用标志、门贴的设计与应用等),从而体现幼儿教师教育特色,全面丰富和提升幼儿教师必备的专业素养。

　　参加本教材提纲讨论和编写的学校有兰州城市学院幼儿师范学院/美术学院、成都大学学前教育学院、重庆师范大学美术学院、苏州高等幼儿师范学校、齐齐哈尔师范高等专科学校、河南南阳幼儿师范学校、唐山师范学院玉田

图案·装饰

1

分校、兰州商学院艺术学院、山东潍坊特教幼教学校等。编写人员中既有长期从事学前教育专业美术教学工作的教师,也有美术学院的专业教师;既有普通高等学校教师,也有中等幼儿师范学校教师,在教材编写过程中他们贡献和分享了各自的教学经验、发挥了业务专长。教材编写队伍的人员构成无疑使教材质量得到了保证。

需要说明的是,教材中的大量图例由编写教师所在学校的师生原创或临摹,个别图例选自有关出版物或网站。限于教材篇幅和编者的能力,对提供和选用的作品不能在教材中一一注明,也无法联系到原作者。对此,特向有关学校、出版物、网站和个人表示感谢和歉意。欢迎这些原作者与出版社取得联系,我们将按相关规定支付稿酬。

本教材是在各参编学校(学院)领导的关怀指导下、师生的大力支持下完成的,在此,我们表示衷心的感谢!

本教材编写的初衷之一是在装饰图案基础上做一些体现幼儿教师教育特色的尝试与探索,并使之有效融合。但是,受编者能力所限,不足或疏漏之处在所难免,恳请广大师生给予谅解并提出宝贵意见,以便编者及时改正。

编　者

2011 年 8 月

Contents

目　录

教学单元一

图案概述

 教学提要

　　图案基础是高等学校学前教育专业和幼儿师范院校学生的专业必修课程，一般是绘画课程的先修课，主要包括：图案的种类与艺术特征、形式美的规律、装饰色彩、造型基础以及基础图案应用等内容。

　　本单元通过对图案的概念、特点、种类等基础知识介绍以及中外图案欣赏等教学活动，达到初步领会和理解基础图案的目的。在此基础上，了解图案与现实生活的关系，培养学生的审美素养，使其能够将所学知识运用于教育实践和生活中，从而提高教育质量和生活质量。

一、图案的概念

　　图案有广义和狭义两种解释。广义的图案是指对器物的造型结构、色彩、纹饰，以及对建筑和其他立体造型等进行预先设计，并在工艺、材料、用途、经济、美观、牢固等条件制约下，制成图样、模型和处理方案的统称。有的器物（如某些木器家具等）除了造型结构，别无装饰纹样，亦属图案范畴（立体图案）。狭义的图案则是指器物上的装饰纹样和色彩。

图1-01　青花黄彩盘

图1-02　田猎纹绦

图1-03　玉雕

图 1-04 蛙纹彩陶

图 1-05 雕填漆盘

图 1-06 彩绘描金扶手椅

图 1-08 巴黎圣母院

图 1-07 建筑彩绘纹饰(局部)

图 1-09 青铜器纹饰(拓片)

图 1-10、11、12 装饰纹样

二、图案的艺术特征

图案虽从属于造型艺术,但严格地讲,它不是独立的艺术门类,而是在工艺美术、建筑美术、工业美术等方面关于形式、色彩、结构的预想设计。从这个意义上讲,图案是一种装饰手段。所谓装饰,就是依附于某一物体,又与该物体浑然成为一体,使之更为美观的一种手段。

图案是以表现为主的装饰性实用造型艺术。一方面,它将人们在生活中的观察、愿望、理想和自然美等通过丰富的想象力,以其特有的形式美的法则进行创造表现;另一方面,它的表现又会受到生产条件、材料、工艺等多种因素的约束,同时,还必须具备适用功能。所以,图案是独特的艺术语言。

(一)图案的适应性

适应性是图案最本质的特征。就其使用来看,图案是在各种立体、平面造型物上所进行的装饰,这就必然涉及装饰的内容、位置、表现手法等是否符合装饰物,以及装饰的目的和要求。对此,就会自然产生图案特有的适应性规律。

适应性主要体现在以下几个方面:内容与形式相适应;局部与整体相适应;使用环境与生活习惯相适应;造型与用途相适应;平面装饰与立体造型相适应;物质材料与制作条件相适应。

(二)图案的实用性

图案具有物质属性,即实用性。现实生活中,无论是建筑物、工艺美术品,还是商品包装、装潢、书籍装帧、布料、玩具等,

图 1-13 图案的适应性

都始终贯穿着实用的目的。图案装饰是以满足人们的物质生活和文化生活的需要,以及美化生活为目的的,这一目的的达成必须建立在保持器物自身实用属性的基础上。因此,图案在解决造型、色彩、构图等艺术设计和表现技法等问题的同时,更要解决其实用性问题。

图 1-14 图案的实用性

图 1-15 图案的装饰性

(三)图案的装饰性

装饰性是图案的外部构成形式,也是图案的精神属性。根据内容要求,图案设计者会把人们对生活的愿望、理想以及大自然中各种美的形象,通过加工、提炼、概括、典型化等手段,以歌颂、象征、寓

意、夸张、取舍等表现形式,在制作各种器物时,专门或附带地进行图案造型与装饰,以达到美化生活、赏心悦目的艺术效果。

图案应用中,装饰性与实用性两者相互制约又相互统一,有时会根据具体情况,各有侧重。相对而

图1-16 图案的工艺性

言,装饰性的表达具有一定的独立性,之所以是相对的,是因为它必须建立在器物功能效用、材料特点、工艺技术等基础上。

装饰性的体现有时会受到时间、地点、实用、经济等客观条件的限制或制约,但在主观愿望上,却可以海阔天空,不受时间、地点及现实生活的影响。当然,图案设计者自身所受教育及其审美观,对装饰性的内涵和体现也会产生一定影响。

(四)图案的工艺性

图案设计与制作是以美化和实用为目的,从图案内容、题材的选择,到形象的塑造与表现,无不展示那些理想的、美好的愿望。然而,图案的表现是和工艺材料、工艺手段等紧密结合的。所以,图案受加工手段和材料的制约,这正体现了它的工艺性。

三、图案的类别

从不同的角度、依不同的标准,图案的分类也不尽相同。从外形看,图案可分为平面图案与立体图案;从用途上可分为实用图案与观赏图案;从理论研究与实践出发,可分为基础图案与工艺图案;依表现形式图案有具象和抽象之分。

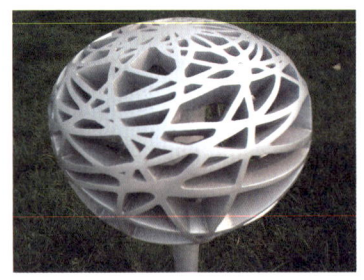

图1-17 实用图案

图1-18 观赏图案

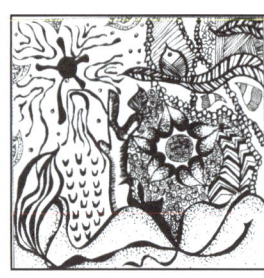

图1-19 抽象图案

图1-20 具象图案

根据幼儿教师教育特点,结合专业教学,这里仅对平面图案与立体图案、基础图案与工艺图案做具体介绍。

(一)平面图案与立体图案

凡平面装饰设计均属平面图案,如花布设计、板报设计、书籍封面设计、广告设计等。平面图案由纹样、构成、色彩三部分组成;凡立体的器物造型设计都属立体图案,如日用器皿设计、交通工具设计、建筑模型等。一些用来批量生产的"母型"器物(如小型彩塑)也属立体图案范畴。立体图案由形态、色彩、装饰等部分组成。

展览会、橱窗设计、室内外环境装饰、舞台美术,包括幼儿园教育环境创设、活动室布置、主题墙饰以及活动区创设等,其中既有平面图案也有立体图案,所以又被称为综合图案。也就是说,除平面图案与立体图案外,还有综合图案。

(二)基础图案与工艺图案

基础图案以研究、实践图案形式美、造型、构成、色彩、制作技法的一般规律为主旨,不受生产条件的制约;工艺图案是对染织、编结、陶瓷或其他器物装饰图案的研究与实践,而且会受到生产条件的严格制约。

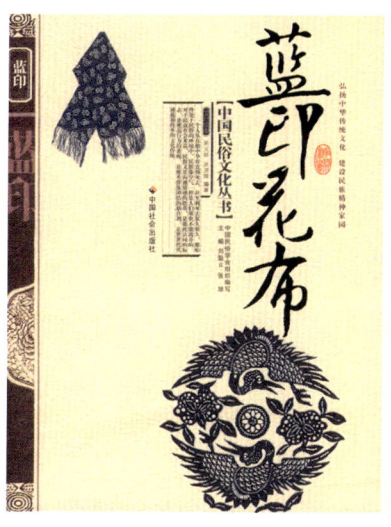

图1-21 平面图案

图1-22 立体图案

图1-23 综合图案（幼儿活动室装饰）

　　根据基础图案所表现的内容,它有人物图案、动物图案、植物图案、风景图案和花鸟图案等。根据基础图案造型特点,有具象(写实)图案和抽象(包括几何图案)图案两种。

　　基础图案是工艺图案的基础,工艺图案则是基础图案的应用。我们现在所学习的就是基础图案,由于它不受生产条件的制约与限制,所以在学习、实践过程中尽可发挥聪明才智、大胆想象和创新,为将来从事的教育教学工作积累和奠定良好的职业基础。

图1-24 基础图案

图1-25 工艺图案

四、图案的艺术风格

简单地说,图案的艺术风格就是其形式感的表现。由题材、构思、色彩配置、造型手法和形式表现等因素构成。

风格是艺术作品所表现出的比较稳定的思想内涵和形式特征,它因时代、民族、区域、信仰的不同而不同。同一时代,由于民族、信仰的不同,图案的风格也会各异。即使同一民族,图案也会因时代的不同而有别。如我国殷商时代的青铜器造型,其纹饰表现为凝重、庄严、神秘的风格,而汉代画像石的风格则表现为写实、简练、质朴,到了唐代,图案的风格为之一变,形成丰满、生动而华丽的艺术风格。

(一)华丽

华丽的图案风格给人以强烈的、对比鲜明的色彩感和暮春时节万花犹俏的意蕴。以南京云锦中的妆花为代表,其纹饰造型生动、线条流畅、繁密饱满,色彩富丽堂皇、变化多姿,具有华彩绚丽的艺术风格。

图1-26　华丽风格

图1-27　朴素风格

(二)朴素

图案中的朴素风格常以民间蓝印花布或民间剪纸为代表。与云锦相比,蓝印花布和剪纸显得形拙,线不流畅,色也单纯无华,不尚精工雕琢,呈现出稚拙、质朴的艺术风格。

(三)简洁

图案中的简洁风格,以现当代许多工业品设计为代表。如家用电器、日用器物等外观设计,其造型及色彩摒弃了多余的装饰而力求单纯。这种表现风格使器物显得更加明快而简洁。

图1-28　简洁风格1

图1-29　简洁风格2

五、现实生活中的图案

图案是实用与装饰完美结合的一种造型艺术形式,是社会生活中应用最为广泛、最为普及、人们最为熟悉的一种艺术形式,加之图案具有精神和物质的双重性,所以它涉及人们衣、食、住、行的各个方面,关系到人们的物质生活和精神生活的质量,在日常生活中起着潜移默化的陶冶审美情趣的积极作用。

图1-30 云南民居

图1-31 裕固族服装

图1-32 美食雕刻

图1-33 汽车外观设计

六、幼儿园中的图案装饰

在幼儿园,无论是户外环境创设,还是室内装饰布置都离不开图案。运用图案装点、美化幼儿园环境,能够使幼儿生活在美观、整洁、舒适的环境里,在有序的形式美的熏陶中感受美、体验美、表现美,进而习得并初步遵循形式美的法则与规律,这一切对幼儿身心健康发展具有积极的促进作用。

7

图1-34、35　幼儿园户外图案装饰

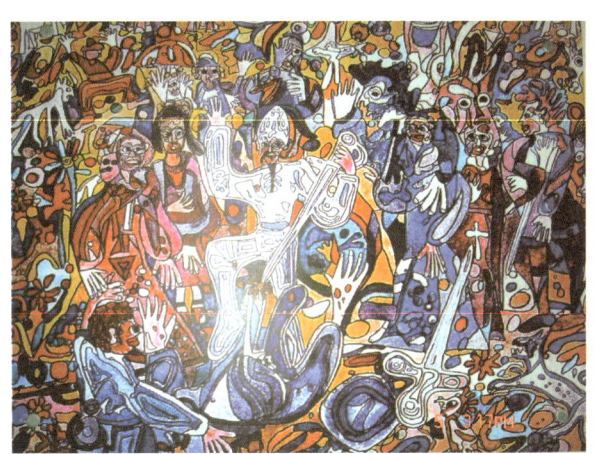

图1-36　幼儿园主墙饰

图1-37　幼儿园门厅图案装饰

图1-38、39　幼儿园走廊图案装饰1

图1-40　幼儿园走廊图案装饰2

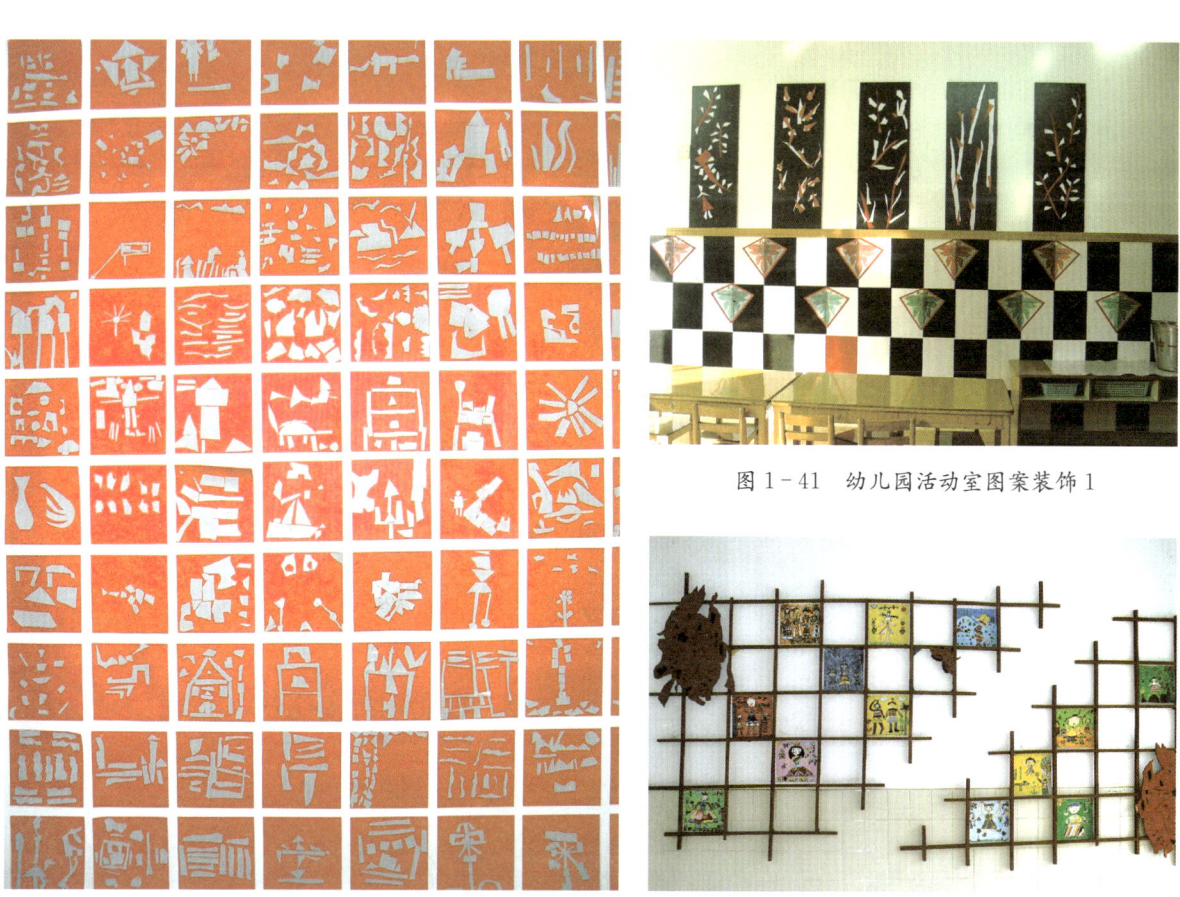

图1-41　幼儿园活动室图案装饰1

图1-42、43　幼儿园活动室图案装饰2、3

图1-44　幼儿园图案装饰墙

图1-45、46　幼儿图案设计作品在幼儿园装饰中的运用

七、中外图案欣赏

(一)中国传统图案

　　中国传统图案有着悠久的历史,自彩陶开始,就以优美多样的造型、丰富多彩的纹饰,以及独特的图案语言令世人瞩目。

1. 彩陶图案

陶器造型多样,装饰图案丰富多彩、变化无穷。在题材上,以几何纹样为主,此外还有鱼纹、蛙纹、舞蹈人纹等,这些图案造型简练,变形幅度大;在组织形式上,能作对称、连续纹样的排列,具有强烈的节奏感。色彩上,常使用红、黑、白、橙黄、橙红、褐等色,具有质朴的艺术风格。

图1-47、48、49 彩陶

2. 青铜器图案

商代器物浑厚庄严(如司母戊大鼎),纹样主要是饕餮纹、夔龙纹、凤鸟纹等动物纹样及几何纹样。花纹繁褥细密,往往遍布铜器全身,构图严谨,富于变化。西周器物浑重凝练,纹饰主要沿袭商代,趋于程式化。春秋器型趋于工整细巧,纹样富丽繁密。到战国时代,在纹饰题材方面已走向现实生活,人物、动物造型趋于生动、写实,组织结构十分复杂,采取了平视体。如:宴乐渔猎攻战纹青铜壶。汉、唐以后青铜器多以实用为目的,汉、唐也是铜镜的鼎盛时期,汉代铜镜纹饰呈静态,唐代铜镜则显华丽、饱满且呈动态风格。

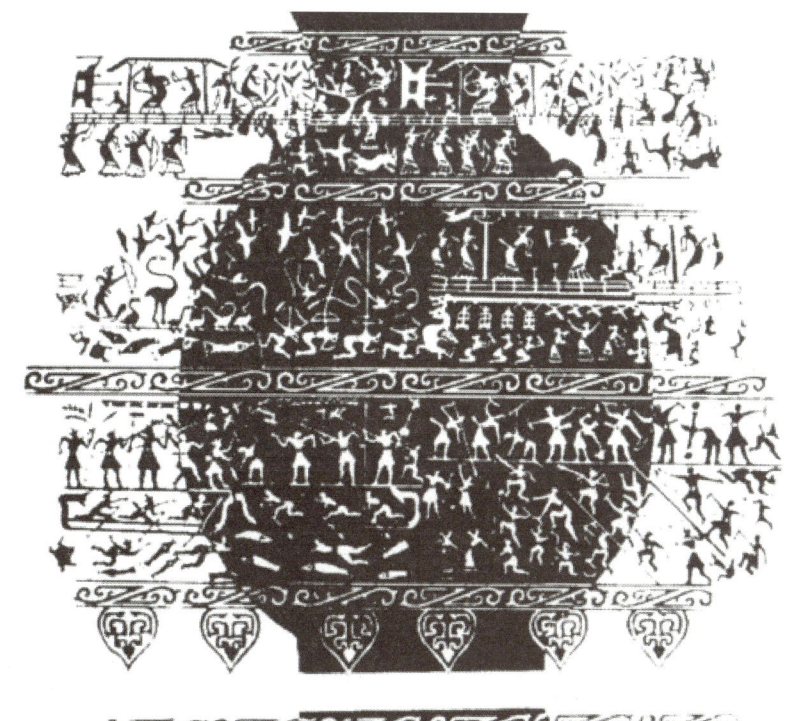

图1-50 人面钺　　　　　图1-51 宴乐渔猎攻战纹青铜壶

图 1-52　青铜器兽面纹

3. 玉器图案

玉器在中国古代有"礼玉"和"佩玉"之分,前者用于礼仪、祭祀;后者用于佩带装饰。早期玉器的动物纹饰变形幅度较大,金代玉佩显得形象而生动。

玉在中国古人的眼里具有非同寻常的意义。一是玉具有天然之美;二是玉所代表的独特的文化象征。古人认为,玉有沟通天地、昭示祥瑞、驱邪避恶和保佑人生的效能,甚至将人的德行、修为与玉联系起来。"以玉比德"、"君子如玉"就反映了儒家的道德观和人生的最高理想。所以,数千年以来,国人爱玉、用玉之风经久不衰。

图 1-53、54　玉器

4. 漆器图案

早在新石器时代,我国先民就已经广泛使用漆器。秦、汉两代是漆器艺术发展的鼎盛时期。装饰技法以彩绘为主,用笔流畅飞动,同时还出现了金银扣、镶嵌、金箔贴花等制作工艺。宋代出现了浮雕式的"剔红",极大丰富了漆器的艺术形式。

图 1-55　剔红盘　　　　　　　图 1-56　彩绘漆勺

5. 金银器图案

商周时期，我国已出现耳环、臂钏一类的金银器，至唐代，金银器进入繁荣盛期。金银器上花纹有缠枝牡丹花、宝相花、狮子、骏马等，线条粗细并用，柔曲流畅，形象饱满、富丽、华贵。当时的金银器大多是日用品及贵族使用的装饰品，器物造型华美，纹样富丽生动。

图1-57 金盘

图1-58 金凤钗

6. 瓷器图案

我国瓷器始于商周，成熟于魏晋，至宋代达到顶峰。瓷器分青瓷、白瓷、彩瓷三类。青瓷、白瓷图案多用浮雕印贴和刻花、划花、剔花及铁釉画花（铁锈花）等方法处理。铁锈花风格粗犷奔放，别开生面。彩瓷是以白瓷为基础的单色或彩色瓷的总称，包括白底蓝花的青花瓷，以及釉下彩、釉上彩和斗彩、珐琅彩等。元、明的青花较为著名，白底蓝花，清秀雅致。明代以后瓷器的风格形式更为多样。

图1-59 青花扁壶

图1-60 白釉刻花瓶

7. 印染织绣图案

早在四五千年以前，中国就已经开始了养蚕织丝。汉时印染织绣（印染、锦缎、刺绣、缂丝等）已相当发达，出现木刻戳印加彩绘的方法，纹样风格与汉漆器、铜镜相同。伴随"丝绸之路"的开辟，唐代风格为之一变，出现了联珠纹图案，有蜡染和扎染法，花纹清秀自然，结构连续和谐。宋代发展了漏版刮浆技艺的"药斑布"，即今蓝印花布，纹样风格朴实无华。

图 1-61　对鸟菱纹绮

图 1-62　织花筒裙

图 1-64　蜡染壁挂

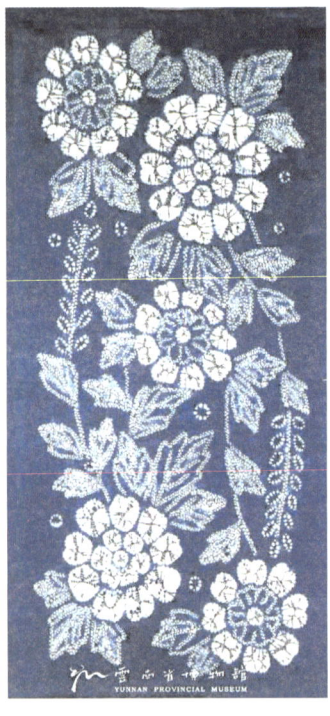

图 1-65　扎染壁饰

图 1-63　刺绣

图 1-66　蓝印花布

8. 建筑装饰图案

建筑装饰图案包括石刻、砖印及木结构上的彩画。

"画像石"、"画像砖"(印纹砖)盛行于汉代,与青铜器纹样相比,趋向写实,造型简练、质朴,线条流畅,结构变化丰富,常采用"平视体"。唐代石刻纹饰饱满富丽。"画像砖"多用于墓室,纹样题材广泛,多采取模印的方法,用不同的小模,交错印在砖上,形成结构复杂的大画面。

瓦当是中国建筑特有的一种屋面瓦垄檐口的装饰物。多用模印花纹和文字,结构多采取"适合形",造型简练生动。其中以代表东西南北四方保护神的"四神"(青龙、白虎、朱雀、玄武)图案最为著名。文字多用吉祥语,如"长乐未央"等。

彩画为中国传统建筑装饰所独有,主要用在梁、枋、椽、柱、斗拱、天花和藻井等部位。题材多以几何纹样、植物花卉和吉祥纹样为主,多采用"适合形"装饰,色彩多变,或典雅庄重,或富丽堂皇。

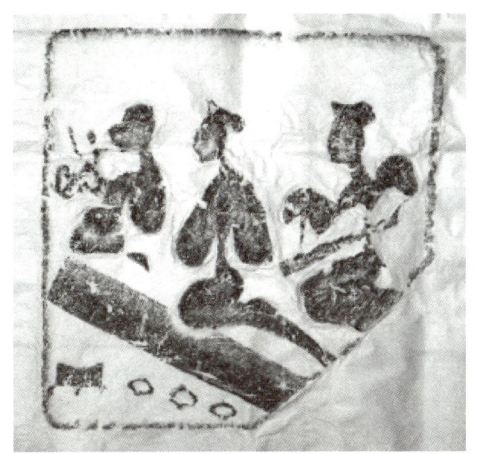

图1-67　画像砖拓片

图1-68　石刻

图1-69　瓦当拓片

图1-70　梁柱彩绘

图1-71　藻井彩绘

图1-72　雕花门饰

（二）外国古典图案

埃及图案常以人物、莲花（象征幸福）、涡纹、几何形、象形文字为题材，喜用淡渴、粉红、白、黑、粉绿、黄等图案色彩。

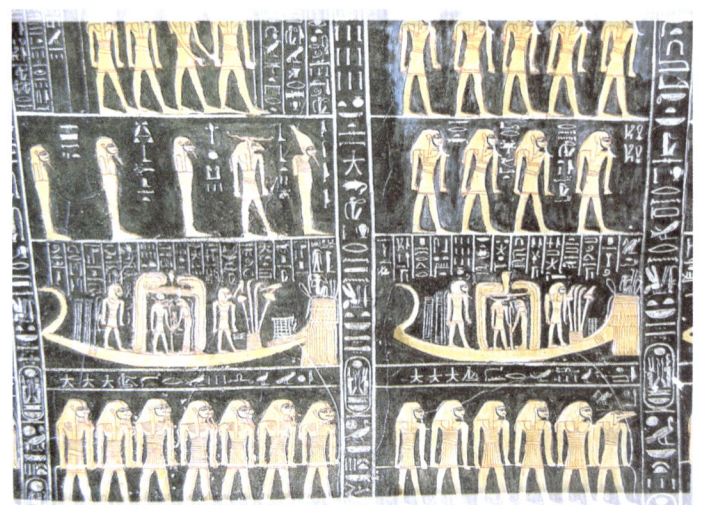

图 1-73、74　古埃及图案

希腊图案常以掌状叶、忍冬花及"中"字纹为题材,其构成有明显的规律,形式美感强;其内容丰富,寓意深刻,具有很强的装饰性。喜用原色和补色,色彩感清新明快。

图 1-75、76　古希腊图案

波斯图案多涡线形,较雅致,色彩丰富,强调整体的调和效果。对比色的配置多依据这一原则处理。

图 1-77、78　波斯图案

印度图案行迹趋叶,卷曲自如,纤丽多姿,色彩常以类似色为基调,柔和优雅。

图 1-79、80　印度图案

罗马图案装饰主要是对希腊风格和伊特洛里亚风格的继承。常用鼠籍草、涡纹和放射状花纹丛装饰,也常做连续的涡线缀以鼠籍草、叶鞘、叶尖,线的尽头则止于花朵纹样。

图 1-81、82　罗马图案

八、图案绘制的工具材料

工欲善其事,必先利其器。熟悉并掌握图案绘制的工具材料,对图案的学习是非常重要的。对初学者来说主要有:纸张、笔、颜料及调色盒(盘)等。

1. 纸张。图案绘制可使用的纸张类型很多。平时作业练习可用绘图纸、水彩纸等;正式的或要求较高的图案可选用白卡纸、白版纸以及较厚的绘图纸。此外,还可以用宣纸、彩色卡纸等做一些特殊技法或效果表现。

做图案作业前,为使画面整洁、平整,最好将纸裱糊在画板上。

图案拷贝时需用透明度较好的拷贝纸(硫酸纸)。制作对称、连续等重复性图案也要用到拷贝纸。

2. 笔。除用铅笔绘制草图外,图案更多的是使用钢笔和毛笔。钢笔以笔尖口径 0.3 mm 左右的针管笔为主;毛笔以羊毫或兼毫的圆头、扁头毛笔为主,圆头毛笔用于具体纹样的描绘,扁头毛笔则用

于较大面积图案颜色的涂染。

3. 颜料。图案颜料以水粉颜料为主,有瓶装和管装之分。初学者选用管装颜料为好,方便实用,便于保管。

4. 调色盒(盘)。美术商店出售的调色盒即可。此外,最好能准备一个较大的调色盘(无纹饰的白色瓷盘也可替代),便于调色。

5. 其他工具。需要尺子(直尺和三角板)、量角器、曲线板、圆规等。

思考与练习

1. 理解并简述图案的概念、类别和艺术特征。

2. 结合生活实际谈谈对图案的认识。

3. 结合专业见习活动,观察幼儿园环境装饰中的图案应用。

4. 临摹图案一幅。内容自选,工具材料不限,16 开画纸。

教学单元二

图案的形式美

 教学提要

　　就基础图案的内容而言,它并不表现重大题材或复杂的情节,而是通过自身的形态、色彩、纹饰、构成等要素显现其审美价值,以其形式美展现艺术魅力。所以,本单元的教学重点是:在学习、理解图案形式美的原理的基础上,能够正确把握图案形式美的规律,并能据此进行图案创作。

　　德国美学家莱辛在其著作《拉奥孔》一书中说过,美是造型艺术的最高法则。一切经典、优秀的造型艺术都遵循这一法则。图案的美感来自图案的形式,形式美感是图案美感的本质。所以,图案的形式美有着自身的特点和规律。

一、图案形式美的总规律

　　在装饰艺术中,条理、对称、均衡、稳定、动感、节奏和韵律是形成形式美的主要手段。在长期的艺术实践中,人们逐步认识并总结出了图案形式美的原理,即形式美的总规律。

　　图案形式美的总规律是:变化中求统一、统一中求变化,即变化与统一。这是对立统一辩证法原理在艺术创作上的体现,在造型艺术领域的生动演绎。只有正确运用图案形式美的规律,才能设计出好的图案。

(一)变化

　　变化是指图案中各个组成部分的区别。它是把性质相异的造型要素并置、组合在一起,形成鲜明对比,以体现图案对比关系。

　　图案中的变化是对事物多样性的展现,是智慧和想象的体现,因为它抓住了事物的差异性并加以发挥。如果变化处理得当,便能使画面生动、新颖、活泼、丰富、有动感;反之,便会使人感到眼花缭乱,杂乱无章,失去艺术感染力。

图 2-01　变化

(二)统一

　　统一是指组成图案的各个部分的内在联系。它是把性质相同(或类似)的图案要素并置或组合在一起,使各部分之间形成一种具有共性特征的图案关系,给人以一致或有一致趋势的感觉。有了统一才会和谐、完整、周到、稳定,才会有静感,但处理不当会使画面显得单调、呆滞、缺乏生气。

图 2-02 统一

（三）变化与统一的关系

变化与统一，其实就是求同存异，是相互对立又相互依存的辩证关系。一幅图案作品总是具备变化与统一两个方面的因素，而且，变化一方总是复杂一些，多样一些；统一一方总是强调共性多一些，单纯一些。对某一具体的图案作品而言，往往会倾向其中的一个方面。比如：生动活泼的图案可强调变化，加强其动感；严肃、庄重的图案，应强调统一，加强其静感。也就是说，要根据图案主题来决定变化与统一的主次关系。

图 2-03 变化统一

变化是绝对的，统一是相对的。在图案设计中，要做到整体统一，局部变化，局部服从整体，使图案的组成部分之间有区别、有联系，成为有变化的统一体。只有具备统一和变化两方面的因素，才能使作品显得既整体统一又活泼生动。

二、图案的组织规律

条理与反复是图案组织的重要手段和方式，是体现图案装饰意趣的主要途径。

所谓条理，就是将琐碎、无序、偶然的自然形，通过概括、取舍、归纳、夸张、变化等手段，加以处理而创造出的有秩序、有规律、有形式感的装饰形。条理使图案显现出有条不紊的整齐美。

反复是对某一具有美感的节奏进行的连续重复，以达到强化或构成新的节奏韵律的目的。它既可以体现在组织排列条理化后的单元造型上，也可体现在条理变化过程之中。

反复是装饰图案区别于其他艺术形式的特有规律和美的形式。

图 2-04 条理与反复

如果说条理是有条不紊的话,那么反复就是往返重复。条理与反复便是有秩序的、有条不紊的往返重复。二者往往是互为条件又互为结果,充分体现了画面中的统一元素,是图案美感产生的重要因素。

三、图案形式美的基本规律

图案形式美的基本规律是形式美总规律的具体化,其基本内容体现在以下几个方面。

(一) 对称与均衡

对称与均衡是图案设计中最常用亦最重要的组织形式和构成要素。其核心是图案作品在视觉上所达到的平衡状态。

对称是保持事物外观匀称整齐的一种构图形式。是在假设的中轴线、中心点左右,或上下左右配置的形、量、色等图案元素呈完全相等的状态。对称给人以统一、稳重、有秩序的感觉。对称有绝对对称和相对对称两种形式。

均衡是在假设的中心线、中心点左右,或周围作等量不等形的配置变化形式。主要依靠正确处理视觉关系来取得平衡感,类似于中国秤的原理。相对而言,均衡式较自由,多变化,容易达到活泼、生动的视觉效果。

一般说来,凡对称的都是均衡的,而均衡的却有对称和非对称两种形式。

图 2-05　对称

图 2-06　均衡

(二) 对比与调和

对比与调和是取得变化与统一的重要手段。

对比是指形、色、数、量、组织排列、质地、制作技法等方面的差异,以及差异所造成的多种变化。对比强调差别,差别大则对比强,差别小则对比弱。有了对比,才有丰富、生动、活泼、突出、醒目的效果;没有对比,图案就没有生命。所以,对比要做到适度,还要注意"照应",只有做到相互配合,图案才会显得既丰富又和谐,既生动又稳重。

如果说对比讲差异,那么调和则讲统一。具体说,调和是减少差距,使对比适度,起缓和画面矛盾、弱化冲突的作用。它给人以和谐安定、柔和完整之美感。

图 2-07　对比与调和

图案设计中要处理好对比与调和的辩证关系。如果以对比为主,对比中应该有调和的因素相伴,这样才能在变化中求得统一;如果以调和为主,那么调和中也应该有对比的因素在其中,在统一中求变化。总之,在一幅图案作品中,要做到既有对比又有调和,将多样性统一原则有效地体现出来。

(三)比例与权衡

比例是指物与物(人)、整体与局部之间以实用、适合为出发点所产生的分量、尺度关系。简单地说,即事物在整体中所占的分量。生活中的一切物体在一定的尺度内都有其适宜的比例关系。比例的美感在造型设计中是至关重要的。

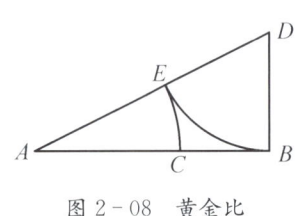

图 2-08 黄金比

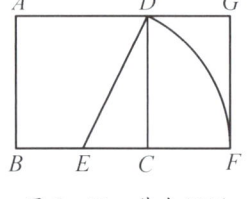

图 2-09 黄金矩形

图 2-10 比例与权衡

在实际运用中,比例就是数字的比值关系,如黄金分割比、等差比例、等比比例等。黄金比(1:1.618)广泛运用在人们的生产生活中。如,明信片、国旗、邮票、报刊杂志、书籍、笔记簿、画纸等均采用黄金比。

权衡是根据人们的视觉审美习惯,对事物的美丑所进行的判断。就是对画面做全面、综合的衡量比较。权衡在图案设计中的应用随处可见,所涉及的内容非常广泛,包括画面构图、重心、造型、色彩、组织、材料等。艺术实践中,对于图案画面的权衡往往是凭借感受性判断而来,因为这里没有数学公式可以应用。从某种意义上说,权衡来自于经验和艺术修为。

(四)节奏与韵律

节奏与韵律是借鉴音乐艺术的术语,在视觉艺术中,它以造型的表现方式得到体现,以视觉的感受方式获得体验。

音乐节奏靠听,图案节奏靠看。图案的节奏是一种性状的视觉元素有规律的反复出现。如,形的渐大或渐小、渐长或渐短、渐高或渐低,色的渐浓或渐淡、渐增或渐减、渐暖或渐冷等反复、交替、渐变等。可以说,节奏是图案条理与反复组织规律的具体体现。

韵律是节奏的升华。图案韵律的体现,也要从形和色两个方面来说。形的韵律感主要是指形状或线条上的一种有规律的变化,这种变化是连续的,是一种趋势,甚至具有动感。比方说,逐渐向上或逐渐变大,或者向同一个方向,或者向四面八方等;色的韵律感主要指画面主色调造成的一种氛围,或大面积色彩规律性的变化所形成的一种韵味。

图 2-11 节奏与韵律

如果说节奏更多的体现于视线和时间的间断性，以显现跳跃感，那么，韵律则更多地体现了视线和时间的连续性，以显现律动感。

　　图案设计中的渐变是韵律和节奏特别鲜明的一种形式，并被普遍使用。渐变集中体现了韵与律，变化与统一的关系，既规则条理又容易取得生动活泼的效果。

　　艺术实践中，通过对称与均衡、对比与调和、比例与权衡、节奏与韵律的运用，可不断加深对图案理论和图形结构的理解，使图案的主题与形式达到变化中求得和谐统一的整体美。

思考与练习

1. 临摹一幅图案作品，结合临摹的体会谈谈你对图案形式美的认识。

2. 以图案形式美的某一基本规律为主，绘制图案作业一幅。

教学图例

图 2-12　　　　　　　　　　　　　　　　图 2-13

　　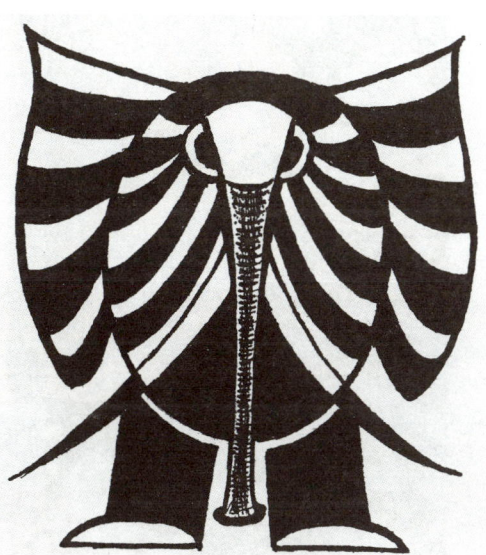

图 2-14　　　　　　　　　　　　　　　　图 2-15

图 2 - 16

图 2 - 17

图 2 - 18

图 2 - 19

图 2 - 20

图 2 - 21

图 2 - 22

图 2 - 23

图 2 - 24

图 2 - 25

图 2 - 26

图 2 - 27

图 2 - 28

图 2 - 29

图 2 - 30

教学单元三

图案的色彩与表现

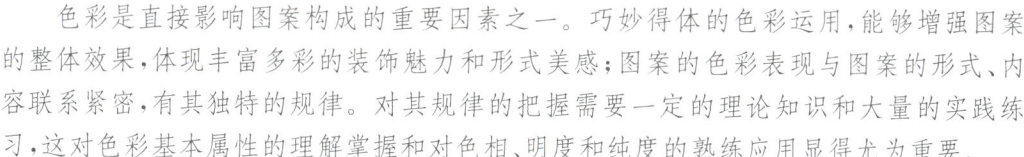
教学提要

色彩是直接影响图案构成的重要因素之一。巧妙得体的色彩运用,能够增强图案的整体效果,体现丰富多彩的装饰魅力和形式美感;图案的色彩表现与图案的形式、内容联系紧密,有其独特的规律。对其规律的把握需要一定的理论知识和大量的实践练习,这对色彩基本属性的理解掌握和对色相、明度和纯度的熟练应用显得尤为重要。

马克思认为:"色彩的感觉是美感的最普及的形式。"人能够在知觉上感受到美,是因为人所身处的世界由千姿百态的形和缤纷炫丽的色彩构成,而且,人的审美情感也可以通过色彩来表达和表现。

图案色彩即通常所说的装饰色彩,它不以真实再现自然色彩为目的,也不受自然色彩的限制和束缚。换言之,图案色彩着眼于物体"固有色"的各种对比与调和的关系,它是在自然色彩的基础上经过概括提炼、夸张、变化和重新组合,进而强化视觉冲击力以达到赏心悦目的装饰效果。"七分颜色三分花"从另一视角说明了色彩在图案设计中的重要作用。

图 3-01　色轮表

一、色彩的要素与色性

色彩分为有彩色和无彩色两大系。红、橙、黄、绿、青、蓝、紫属有彩色系;黑、白,以及由黑白调出的灰属无彩色系。

尽管色彩千变万化,但离不开色相、明度和纯度三种属性。即色彩三要素。

(一) 色彩三要素

1. 色相

色相指色彩所呈现的相貌,即颜色的名称,它是区分不同色彩的主要依据。如:红就是以红色的相貌出现,绿则以绿色的相貌出现,这是色彩公认的相貌,而且色彩的相貌不会因人的兴趣爱好而改变(图 3-02)。

2. 明度

明度是指色彩的明暗程度。色彩从浅到深、由明至暗的变化就是明度的变化。如:

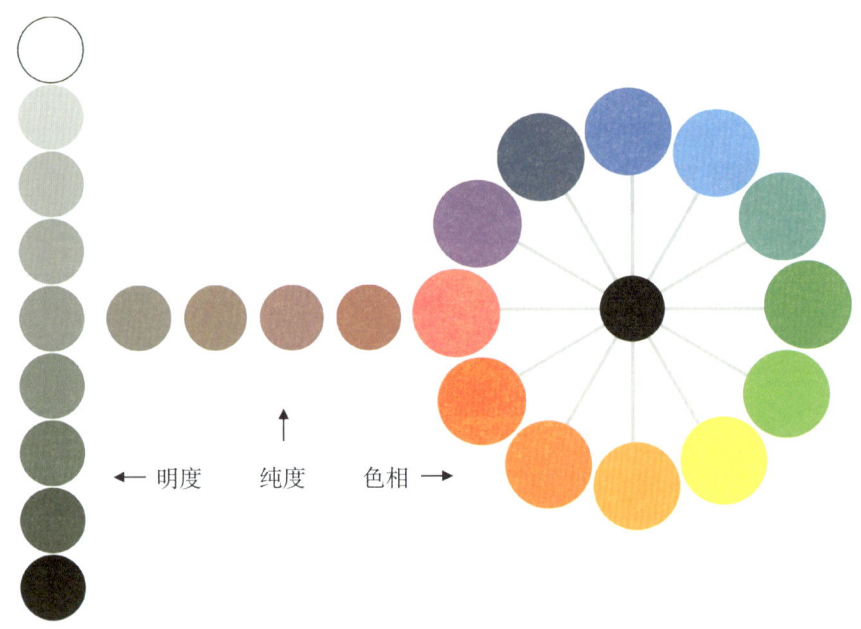

← 明度　　纯度　　色相 →

图 3-02　色彩三要素

同种色的深绿和浅绿，大红和浅红。亮的色彩明度高，暗的色彩明度低。调色时通常可以通过添加黑色或白色改变一个颜色的明度。有彩色系有明度变化，无彩色系与之相同（图 3-02）。

3. 纯度

纯度是指色彩的纯净程度、饱和度，即色相中色素的单一性。三原色纯度最高，间色的纯度次之。在红、橙、黄、绿、青、蓝、紫基本色彩中，若其中一色与任何一种色彩相加均会降低其纯度（图 3-02）。

如果说明度是色彩隐秘的骨骼，色相就是色彩的灵魂，好比华丽的外表，体现着色彩的性格，而纯度则是色彩内在的意蕴，有了纯度的变化，色彩才显得丰富而厚重、鲜明而生动。

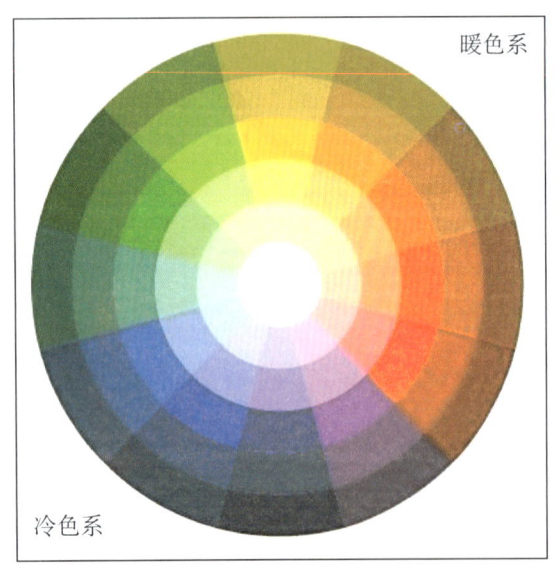

暖色系

冷色系

图 3-03　色彩的冷暖

（二）色性

色性，色彩的冷暖倾向，即色彩给人们的冷暖感觉和联想。色性是色彩掌握的关键所在。色彩的冷暖与人的生活经验有关，具有影响人的心理或生理活动的特性。一般说来，红、橙、黄属暖色。看到暖色时，往往会联想到阳光、火焰或喜庆热烈场面，并产生一种温暖的感觉；蓝、绿、紫属冷色。看到冷色时，会联想到夜晚、冰雪、阴冷或深沉的意境，并产生凉爽或压抑的感觉（图 3-03）。

色彩的冷暖既相互对立，又相互依存，且是相对而言的。因为没有冷色就没有暖色，反之亦然。就单独的某一色块而言，很难判断是冷色还是暖色，只有与另一色块比较才能确定。如：在大红色中调入少许蓝色就会变得相对冷一些；大红色与紫红相比，大红偏暖，与朱红相比，大红就显得偏冷了（图 3-03）。

二、原色、间色与复色

（一）原色

原色就是不能用其他色调和出来的颜色。红、黄、蓝三色称三原色（图 3-04）。追溯世界上千变万化的色彩根源,都源自红、黄、蓝三色。

(二)间色

又叫二次色(图3-04)。间色由三原色中任意两个原色混合而成,等量混合可得到色相环中的橙、绿、紫。如:红+黄=橙,黄+蓝=绿,蓝+红=紫。

图3-04 三原色与间色

图3-05 复色(橙+绿 橙+紫 紫+绿)

(三)复色

复色也称三次色或再间色。是指由三种或三种以上颜色调和而成的颜色。如:紫+红=红紫,紫+蓝=蓝紫,红+黄+蓝=灰黑,等等。

自然界中,原色、间色现象是少见的,大量以复色呈现。所以,观察、分析色彩时,一定要辨别色彩的复色倾向是偏红、偏黄还是偏蓝,以便准确应用。

图3-06 原色构成的图案

图3-07 间色构成的图案

图3-08 复色构成的图案

三、色彩的知觉与感情

"远看颜色近看花"这句话说明了人首先感知到的是色彩,并从中获得美感。就彩色图案的形式美感而言,其美感获得是可以通过视觉对色彩的色相、明度、彩度、冷暖变化,以及色彩之间的对比、调和等千变万化的感知所形成的,且表现在知觉、情感和思维等多方面。

(一)色彩的视知觉心理描述

色彩通过感官刺激对人产生心理作用。无论人们是否留意色彩的存在,色彩都会对人产生情感和心理上的影响。事实上,人对色彩的感受或反应,通常会基于已有的生活经验和各种知识的积累。如色彩的冷暖感、轻重感、兴奋与沉静感、明快与忧郁感等。当人们看到色彩时,也时常会引起联想和想象。

图 3-09　春夏秋冬

图 3-10　酸甜苦辣

1. 红色

红色是人类最初使用的颜色。由红色可以联想到太阳、火或血,象征生命、活力、健康、热情、活泼、青春、希望、危险、躲避等。红色是一种让人积极进取的颜色,具有忠诚、直率、胸怀坦荡、毫无遮掩、不虚伪等性格特点。

2. 橙色

橙色比红色明度高,性质活泼,有光辉。橙色使人兴奋,是跃动、活泼、华美的象征,含有炙热、温情等意义。

3. 黄色

黄色是所有彩色中最光亮、最刺眼、明度最高的色彩。由黄色可以联想到迎春花、月光、黄袍等,具有快活、希望、光明、明朗、健康的含义。淡黄色会使人感到和平、温柔,深黄则是庄严、高贵的象征。

4. 绿色

绿色可以让人联想到草地、树木、禾苗等。绿色象征着永恒、和平、安逸、新鲜。绿色有消除疲劳的功能,所以在现代生活中广泛应用于色彩的调节。青绿色有深远、沉着、智慧的象征,嫩绿色则充满希望和活力。

5. 蓝色

由蓝色可以联想到大海、天空、水等。蓝色喻示开阔、消极、冷漠和理智。

6. 紫色

紫色是所有彩色中明度最低的颜色。紫色可以让人联想到丁香花、葡萄等,具有神秘、孤独、高贵、惋惜的含义。

7. 黑色

由黑色可以联想到夜晚、煤、碳等。黑色象征着黑暗、神秘、沉默、恐惧等,同时具有严肃、含蓄、庄重、解脱的情感。

8. 白色

白色让人联想到雪、白云、面粉等。白色象征着洁白、光明、纯真、干净,同时还能表现轻快、朴素、恬静、清洁、空灵、飘逸等意境。

对色彩知觉与情感的进一步认识有助于我们做好幼儿园的装饰美化工作。研究表明,色彩对幼儿的健康成长具有一定影响,不同的色彩会通过视觉影响到幼儿的智商、情商和性格。不适宜的色彩如同噪音一样,会使幼儿感到心烦意乱、压抑或恐惧,赏心悦目的色彩会给幼儿以美的享受,或温馨宁静,或热情活泼。

综上所述,在设计绘制幼儿园装饰图案时,应根据图案适用环境(活动室、寝室、过道等)充分考虑色彩的效应与配置,努力创设一个与场所相适宜的色彩环境,促进幼儿健康发展。

(二)色彩的对比

色彩的和谐源自有序的对比,对比在于比较分析色彩配置间的关系与差异。常见的色彩对比主要有:色相对比、明度对比、纯度对比等形式。

1. 色相对比

色相对比是色相环上任何两种颜色或多种颜色并置在一起时,色相间的差异所形成的对比现象。色相对比的强弱是由色相在色相环上的距离决定的(图3-11)。

色相对比除原色对比、间色对比外,还有同类色对比、类似色对比、邻近色对比、对比色对比和互补色对比等多种类型。

同类色对比:在色相环上色相距离在30度左右的对比,是色相对比中最弱的对比。比如主要含蓝色素的系列颜色:湖蓝、钴蓝、群青等。它的画面对比效果极为柔和、单纯,但也容易使画面显得平淡、单调。对此,可通过拉开明度距离和彩度关系来进行调整。

图3-11　24色相环

图3-12　同类色相对比

图3-13　类似色相对比

类似色对比:在色相环上色相距离在60度左右的对比,是色相中较弱的对比。如:玫瑰红、大红、朱红;黄绿、绿、蓝绿等。虽然类似色对比的几种色同属一个较大色相范畴,但能够区别出色彩的冷暖。对比具有温和、含蓄、和谐的特点。与同类色对比作比较,类似色对比所产生的画面效果相对要

丰富一些。

邻近色对比:在色相环上色相距离约 90 度左右的对比。是色相对比中的中度对比。邻近色相对比其效果要显得丰满、活泼,它既保持了画面的相对统一,又克服了色彩视觉单一的不足。

图 3-14 邻近色相对比

对比色对比和互补色对比:在色相环上色相距离 120—150 度的对比叫对比色对比。色相环上色相距离 180 度的对比叫互补色对比,是色相对比关系中最强的对比,富有极强的刺激性。如同黑白是明度对比的两个极端一样,三个原色(红、黄、蓝)和间色(橙、绿、紫)构成了色彩的互补关系(即红绿对比、黄紫对比和蓝橙对比),它们形成补色对比的三个极端。其优点是饱满、活跃、生动、刺激;缺点是欠含蓄、过分刺激,有幼稚、原始之感。需注意的是,补色调和在色相对比中具有较大的难度,需要一定的色彩配置能力。

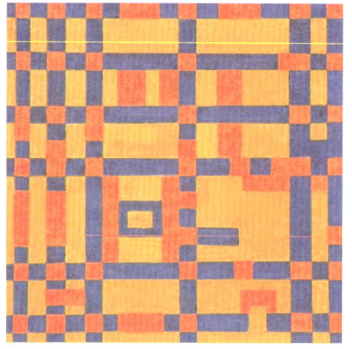

图 3-15 互补色相对比

2. 明度对比

明度对比是指色彩明暗程度以及同一色相不同明暗的对比。是不同的两色并置所产生的明的更明、暗的更暗的视觉效果。

图 3-16 无彩色明度对比

明度关系由明到暗可分为白、浅灰、中灰、深灰和黑五级,也可以用日本色研所的"九级"明度色标来表示色的明暗程度。

明度对比不仅指无彩色系的黑、白、灰明度关系对比,它更多地存在于有彩色系中。明度不同的色调在画面中的表现也有所不同。一般说来,低明度色调色彩感较弱,具有沉静、忧郁、厚重的特点;中明度色调多显色彩的柔美与丰富,具有含蓄、典雅、稳定等特点;高明度色调由于色彩明度过高反而使色彩感减弱,具有轻盈、明快、单薄的特点。

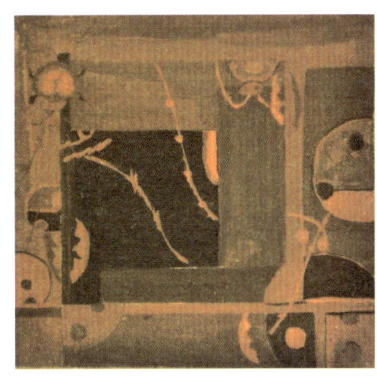  

图 3-17 有彩色明度对比

3. 纯度对比

纯度对比是指不同纯度的两色并置,因纯度差而形成鲜的更鲜、浊的更浊的色彩对比现象。纯度对比的强弱取决于对比色之间纯度差的大小。低纯度对比的画面往往视觉效果比较弱,形象的清晰度也较低;中纯度对比是最和谐的,画面效果含蓄丰富,主次分明;高纯度对比较为强烈,画面对比明朗、富有生气,色彩认知度较高。

图 3-18 纯度对比

4. 冷暖对比

冷暖对比是将色彩的色性倾向进行比较的色彩对比。色彩的冷暖感主要来自人的心理感受。冷色和暖色不是绝对的,是在对比中感知的。如:朱红比玫瑰更暖一些,柠檬黄比土黄更冷一些。高纯度的冷色显得更冷,高纯度的暖色则显得更暖(图 3-03)。

画面中冷暖色的分布比例决定了画面的整体色调,这就是通常所说的暖色调、冷色调。可以说,色彩的冷暖对比在几种色彩对比中最具普遍性和丰富的表现力(图 3-19)。

5. 面积对比

面积对比是指两个或更多色块的相对色域面积多与少、大与小的对比。也就是说,两种或两种以上的色彩共存于同一视觉范围内,必然会有面积大小的不同,不同面积比例的色彩会呈现出强度的差异,产生不同的色彩对比效果(图 3-20)。

色彩之间色相、明度、纯度的对比都是建立在一定面积基础之上的。在一些色彩配置中，大面积的色块可以起到突出小面积色块的作用。

图3-19　冷暖对比

图3-20　面积对比

一般来讲，色彩对比中的弱对比具有含蓄、柔和、易于统一的特点，但瞩目性较低，容易出现单调乏味的视觉感受；强对比具有鲜明、强烈、饱满的特点，但色调不易统一，给人以生硬、刺激的视觉感受；中对比介于强弱两者之间，因而具有色调和谐、统一、色彩鲜明丰富的特点。

（三）色的膨胀与收缩

以等大的黑白色纹样交错置放于白、黑色的衬纸上，黑底上的白色纹样会显得比白底上的黑色纹样大。这种视觉现象就是色的膨胀与收缩。

白色、暖色和明度高的色彩具有扩张感，因此纹样显得相对大一点；而黑色、冷色和明度低的色彩具有收缩感，因此纹样显得相对小一点。这一现象主要是由于色彩的明度和纯度不同而让人产生了视错觉。

（四）色的前冲与后退

在人对色彩的知觉中，暖色有前冲的感觉，称为进色；冷色有后退的感觉，称为退色；明度不同的色并置，亮的为进色，暗的为退色。纯度饱和艳丽色为进色，纯度低的浑浊色为退色。这是一种色彩的视差现象，利用它可以强调色彩的层次感。

图3-21　色的膨胀与收缩

图 3-22 色的前冲与后退

四、图案色彩的配置与调和

图案色彩不同于一般的写实色彩,它要求有很强的装饰性。每一幅图案的色彩需控制在一定的配色范围之内,给人的第一感觉应是色彩鲜明,对比强烈,配色简练而恰到好处。也就是说,图案色彩运用是否得当,主要取决于装饰色彩的配置是否得当。

色彩的配置是画面整体的色彩感觉倾向,即图案色调。"五彩彰施,必有主色"就是这个意思。色调多种多样,以色相分有红调子、黄调子、蓝调子等;以明度分有高明度、低明度等;以纯度分有鲜艳色彩的高纯度色调,有含灰色色彩构成的低纯度色调;以色性分有冷色调、暖色调、中色调等。这些不同类别的色调既表现出色彩各自的特质,同时又相互交叉,在同一画面中既可以体现色相、明度、纯度的变化,也可以体现色调的变化。下面几种方法是最基本,也是最常用的图案色彩配置方法。

(一)同种色配置

同种色配置是色相同一而明度不同的色的配合。如:大红、深红与粉红的配置。它的特点是很协调但色彩单调。图案色彩配置时,可以适当拉开色与色之间的明度差,以避免色的"同化"。

图 3-23 同种色配置

图 3-24 类似色配置

(二)类似色配置

类似色配置是含有共同色相诸颜色的配合。如:蓝紫、绿、黄绿的配置。其色调的特征是单纯、柔和。应用时注意适当拉开画面中色相与色相之间的距离,不要选择在色环中相邻的颜色,同时还要注意加大色彩的明度变化,否则会使画面单调、软弱无力。

临近色调还可以与黑、白、灰等配合使用,以增强色彩的明度与纯度变化,使得画面既和谐统一又富于变化。

（三）对比色配置

对比色配置是不含有共同色相的色之间的配合，如：黄、蓝、绿与红的配置。其特点是醒目、活跃并带有刺激性。对比色配置有两种。一种是补色配置，这是最为强烈的色彩配置。如：红与绿、黄与紫；另一种是次对比色配置，即仅次于补色的对比色配置。如：红与蓝、蓝与黄的配置等。

图 3-25　补色配置　　　　　　　　　　　　图 3-26　补色配置

由于对比色配置，特别是补色配置具有强烈、刺激的特点，实践中需要控制好色彩变化，把握好画面的和谐统一，处理好色彩的主辅色调关系，否则会使画面显得杂乱、炫目。对比色的调和方法有以下几种。

1. 同一调和法。在对比色双方都混入同一色。如在红、绿色中都混入灰色，降低二者的纯度，以纯度的同一求调和；也可混入白色，提高双方的明度，以明度的同一求得调和。

2. 近似调和法。一是在对比色的一方混入另一方的颜色，二是对比色双方互混，达到你中有我，我中有你。

3. 秩序调和法。在对比色之间配置相应的色彩序列，减弱双方直接对比的调和方法。

图 3-27　对比色调和

4. 面积调和法。控制色彩面积大小，以一色为主，另一色为辅，形成面积大小的差异。"万绿丛中一点红"可用来概括此种调和法。

5. 间隔调和法。用黑、白、灰、金、银将补色隔开，进行勾边或做底色，均可使色彩协调，取得理想的画面效果。

思考与练习

1. 临摹一幅图案作品，体验图案色彩的特点。
2. 在掌握色彩对比知识的基础上，分别绘出色相、明度、纯度的色彩推移。
3. 选择一种图案色彩配置，创作一幅图案作品。
4. 根据所掌握的色彩知识，创作一幅适用于幼儿寝室环境的图案作品。

教学图例

图 3 - 28

图 3 - 29

图 3 - 30

图 3 - 31

图 3 - 32

图 3 - 33

图 3 - 34

图 3 - 35

图 3 - 36

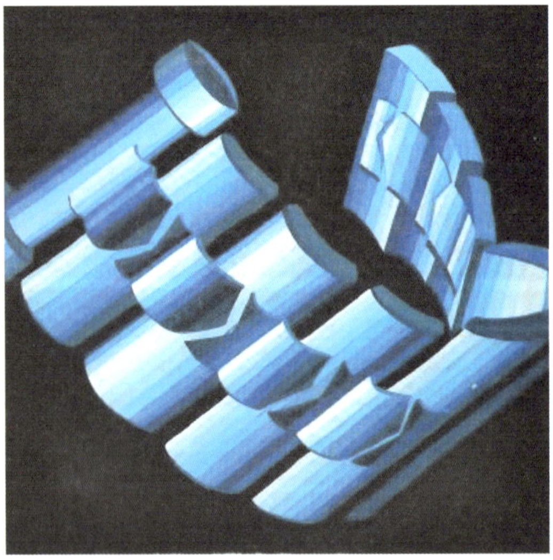

图 3 - 37

图 3 - 38

图 3 - 39

图 3 - 40

图 3 - 41

图 3 - 42

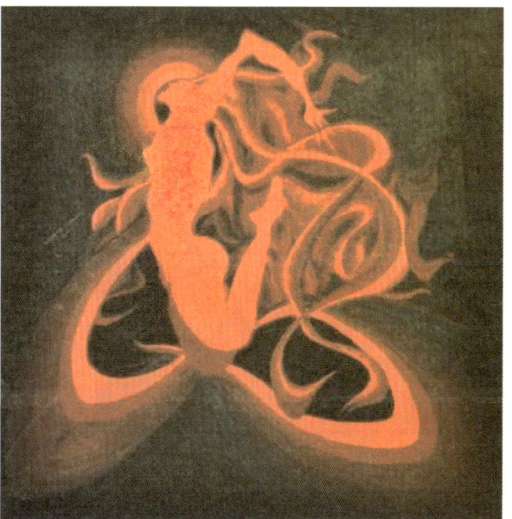

图 3 - 43

图 3-44

图 3-45

图 3-46

图 3-47

图 3-48

图 3 - 49

图 3 - 50

图 3 - 51

图案 ■ 装饰

教学单元四

图案造型(上)

教学提要

作为实用美术的组成部分,图案在幼儿园环境营造和装饰方面起着举足轻重的作用,而图案造型部分则是图案基础的重点与核心。在内容上,力图达到详细、系统,易领会、易掌握,重实践、求创新的教学目的;在体例上,尽可能为教学提供更为丰富多样的图案造型内容和方法,以便学生学习和掌握,同时力求贴近学前教育实际和教学实践。基于此,我们把图案造型的内容分为两个教学单元,以凸显图案纹样的组织能力和对学前教育专业背景下的图案应用能力的培养。

本单元主要从图案造型的种类、要素和组织构成等方面阐述其设计规律,使教学环节和重点更加明晰、图案造型设计与组织构成的内容更为系统化和条理化。教学实践中应注意结合图例,对图案造型的构成要素和组织形式做详细分析与练习,既突出教学重点,又利于学生系统掌握。

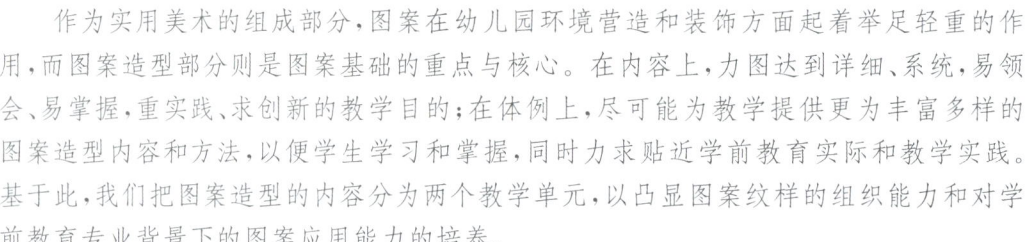

一、图案造型的种类与要素

图案造型是根据人们的审美需求,依据自然物象所具有的规律与特点,运用概括、抽象、夸张、变形等特有的符号系统对自然物象进行提炼、加工和表现的艺术创作形式。与其他造型艺术不同,除生活中的具体形象外,一切抽象元素也是图案造型的基本手段。

(一)图案造型种类

图案造型可分为三类:具象造型、抽象造型和综合造型。

1. 具象造型

具象造型是对客观存在实体的艺术加工,分为自然和人为两种形态。自然形态是指客观自然界中存在的各种形态。如人物、动物、植物、山川、河流等;人为形态指人类为自身生存与发展的需要,经主观行为创造出来的形态,是人类想象和创造的结果。如人造梯田、器皿、道路、建筑、景观、交通工具等(图4－01、02)。

2. 抽象造型

抽象造型是对具象形态的概括和提炼。它是人们对普遍存在于自然空间中的基本存在形态或概念要素的归纳与总结。比如,点、线、面等纯粹的几何形态。在装饰图案中,所谓抽象就是主观地归纳、提取其中美的要素,表现物象所具备的特征,形成美感形象(图4－03、04、05)。正是由于抽象造型不如具象造型那么直观、直白,方显得神秘而具魅力。

图4-01 自然形态造型

图4-02 人为形态造型

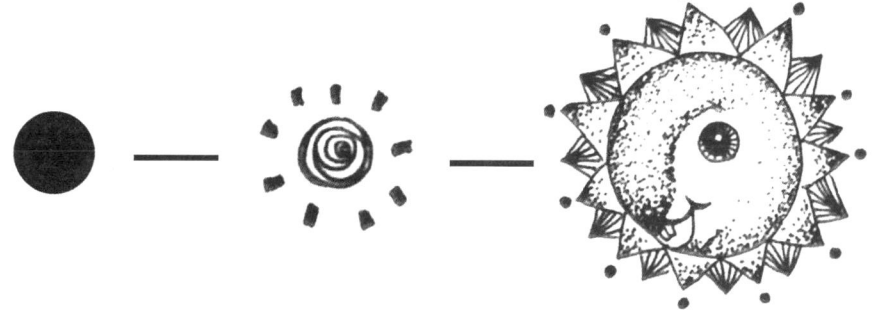

图4-03 圆(日)的抽象

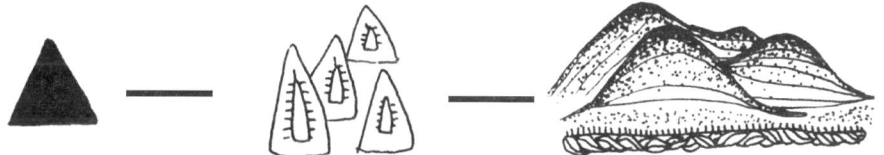

图4-04 三角(山)的抽象

图4-05 方(田地)的抽象

图4-06、07 抽象造型

3. 综合造型

综合造型是根据形式美的法则将具象形态和抽象形态进行组合而形成的装饰图案。它的构成方法主要是图案造型中的"加"或"减"。

贴切而合理的综合造型会使图案画面产生更加丰富的内涵。不同图案形态的互渗会把不同的物象、符号有机融合,从而创造出超越自然的形态。事实上,这种有意识的艺术融合与互渗也会打破自然形态的画面格局,形成全新的视觉意象。

图 4-08 综合造型

图 4-09 综合造型

图 4-10 综合造型

(二)图案造型要素

点、线、面是画面组织最基本的元素,也是图案最基本的造型元素和构成视觉形象、传情达意的艺术语言,并且是一种朴素的、单纯的、富有生趣的艺术语言。在人的视觉中,不同样式的点、线、面所构成的图形、纹饰会给人以不同的感受。如:大点冲击感强烈,小点精致聚焦;直线有力量之感,曲线则柔美委婉等。因此,让我们通过以下内容了解点、线、面在装饰图案造型中的具体运用,并体验它给我们带来的审美感受。

1. 点

相对而言,点,既无长度也无宽度,是造型元素中最小的单位,点最重要的功能就是表明位置和进行聚集。点的形式可分为大点、小点、方点、圆点等等；点有疏密、规则和不规则之别；点可以用不同的工具绘出……

正是由于点具有多种表达式，其排列、组合可根据创作需要千变万化，所以点在图案应用中就像音乐的音符一样传达并表现着各种视觉情感。例如，点的群化能够使作品产生更为丰富的层次感（图4－11、12）。

图 4－11　点造型图案

图 4－12　点造型图案

2. 线

线不仅具有位置，还具有方向与长度，可以把它理解为点的移动轨迹。从这点看，线更强调方向与外形。线在图案造型中具有很强的概括性，既可以直接勾勒形象，又能构成面，还可以突出"形"。也就是说，线可以直接表现形的特征、变化和个性。线分为曲线、直线、粗线、细线、长短线、疏密线等。不同的线在装饰图案中的造型意义，以及给人的视觉感受不同。

图 4－13　线造型图案

图 4－14　线造型图案

3. 面

点、线的扩展与延伸会以面的形态出现,所以面在图案构成中是一个相对较大的元素。如果说点强调的是位置关系,那么面强调的则是形状和面积,两者之间没有绝对的区分,当构成需要强调位置关系时它是点,需要强调形状或面积时,它就是面;面又是线的连续移动的结果。直线平行移动成长方形、旋转移动成圆形,自由弧线移动成有机形,直线和弧线结合形成不规则形。也就是说,图案造型中面的表现可由点构成,也可用线的排列构成。面影响着整个构图空间的意味,在图案设计中应充分发挥其不同的量感。

图 4-15　面造型图案

图 4-16　面造型图案

总之,点、线、面作为装饰图案的造型要素,既有其各自的相对独立性,又有密切的内在相关性。实践中要善于利用这一特点,以此来丰富图案的视觉效果,增强其装饰性。

二、图案的组织形式

图案的组织构成包括纹样组织和装饰构图两个部分。图案的体裁、内容决定着图案纹样的组织形式。同时,它也会受到作者的主观感受,以及工艺、材料、制作条件的影响。而图案装饰构图的手法打破了常规绘画的构图形式,更多体现作者的主观意愿,可以大大加强画面的装饰性和视觉效果。

总体上讲,图案的组织形式可分为单独纹样、适合纹样、连续纹样三大类。这三类图案纹样又有着各自的骨式和组织形式。组织形式如同绘画的构图,能够形成各种组合方式,正是这种组合及其方式在图案整体视觉效果的营造上起着举足轻重的作用;图案纹样中的骨式是图案造型的基本结构,如同人的骨骼,对整个图案起支撑作用,同时也规定了图案的样式,体现着纹样的节奏、风格和精神气质。

(一)单独纹样

单独纹样是相对于连续纹样而言的,它是图案最基本的组织形式,具有独立性和完整性,可单独用作装饰,也可用作适合纹样和连续纹样的单位纹样。尽管单独纹样的造型不受外部造型轮廓的限制,自由活泼,强调形体的变化,且与周围其他纹样无直接联系,但要注意纹样外形的完整性、结构的严谨性,

图 4-17　以单独纹样为单位构成的适合纹样

避免松散零乱。

从布局上看,单独纹样分为对称式和均衡式两种。

1. 对称式

对称式纹样是以图案中心点或轴为依据,使上下、左右或上下左右的纹样及色彩完全相同或相似的构成形式。对称式又可分为绝对对称和相对对称两种表现形式。

绝对对称是以同形、同量、同色、同距离的方式存在于图案的纹样形式。

相对对称是指图案纹样中的主要部分相同,局部出现形状或色彩差异的对称形式。

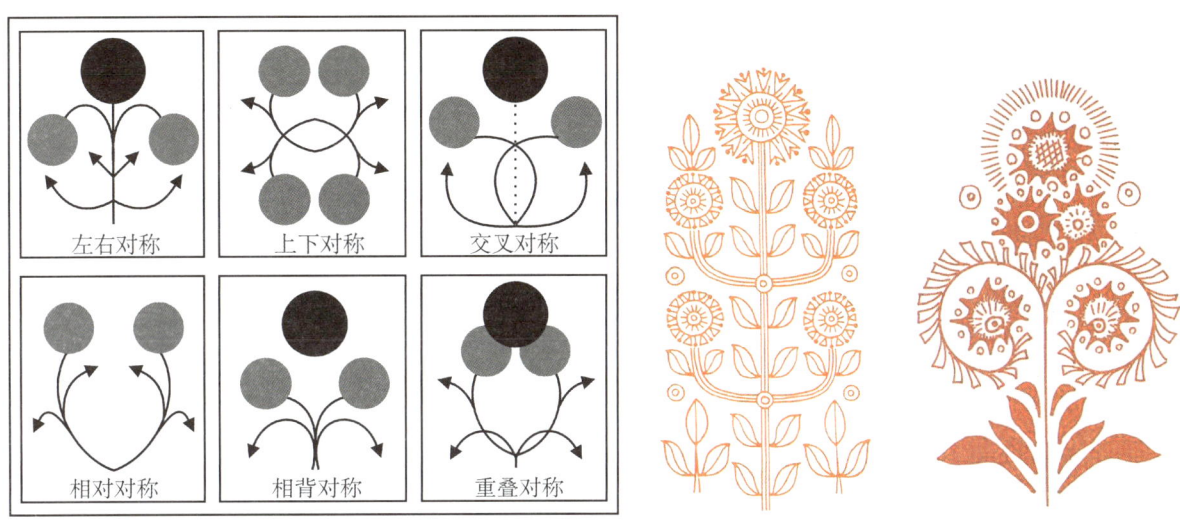

图 4-18　对称骨式　　　　图 4-19　绝对对称纹样　图 4-20　相对对称纹样

从总体上看,对称式纹样的整体效果会给人以规则工整、严谨庄重、丰满大方之感,并富于静态美。

2. 均衡式

也称平衡式,是一种不受图案对称轴或对称点限制的、结构较自由的,但需要在视觉上求得重心稳定、平衡的构成形式。这是一种异形同量的配置方式,给人生动新颖、丰富活泼、舒展优美、风格灵活多变之感,富于动态美。

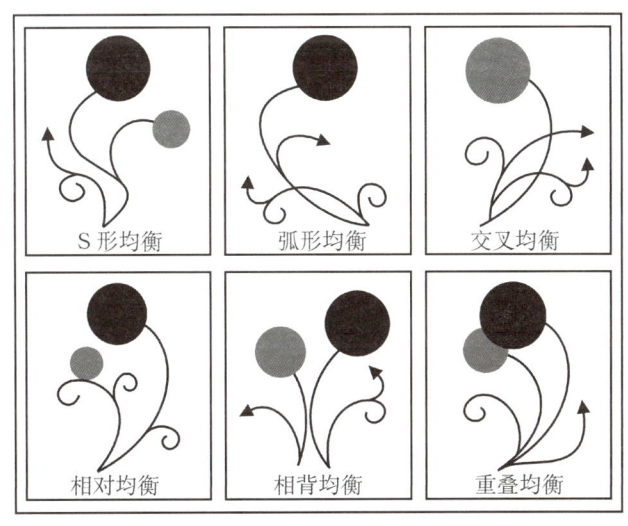

图 4-21　均衡骨式

图 4-22　均衡式纹样

(二) 适合纹样

适合纹样是将形态限制在一定形状空间内的组织纹样,外形轮廓的整体构图与图案纹样完全吻合,如若去掉外轮廓线,纹样造型仍然具有固定的外形。如:适合于圆形、方形、多边形、综合形等;或适合于果形、花形、文字形、扇形、天然形等。

适合纹样外形完整,内部结构与外形巧妙结合,强调布局匀称,构图严谨,具有强烈的装饰美感。

适合纹样的外部形态虽然受到了一定的约束,不像单独纹样那么自由,但它的基本骨式与单独纹样相似(图4-24),且变化更为多样。

图4-23 适合纹样

对称骨式

均衡骨式

图4-24 对称、均衡骨式

1. 从外形上看,适合纹样可归纳为几何形、自然形和人造形三种形式。其中,以几何形最为常见,如方形、圆形、三角形、多边形等。

图4-25 六边形纹样

图4-26 四边形纹样

图4-27 三角形纹样

图4-28 人造形纹样

图4-29 自然形纹样

图4-30 多边形纹样

2. 从布局形式上看,适合纹样骨式形式更丰富一些,除对称和均衡两种基本形式外,还有离心式、向心式、结合式、旋转式和多层式等。

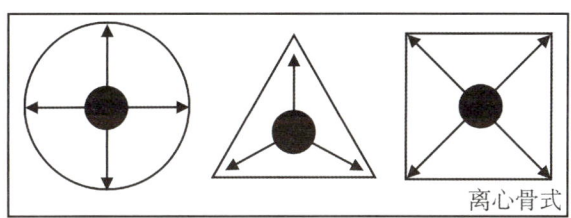

离心骨式

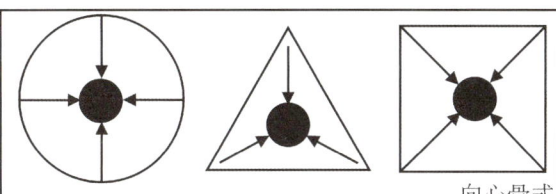

向心骨式

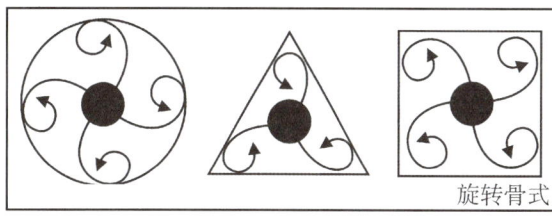

旋转骨式

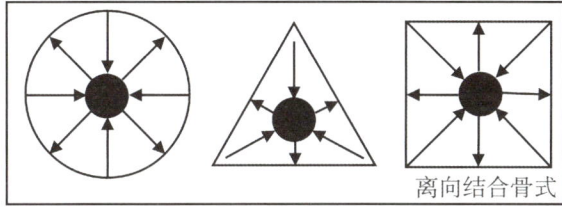

离向结合骨式

双层骨式

图4-31　离心、向心、结合骨式　　　　　图4-32　旋转、多层骨式

图4-33　均衡式适合纹样

图4-34　对称式适合纹样

图4-35　向心式适合纹样

图4-36　离心式适合纹样

图4-37　结合式适合纹样

图4-38　旋转式适合纹样

图4-39　多层式适合纹样

3. 从应用上看,适合纹样有填充、角隅之分。

填充纹样是指纹样造型自然地随着所填的外轮廓线而变化,但部分纹样可稍作突破,以求得丰富多样、生动活泼的图案形式。填充纹样单纯明确、优美完整,但要注意空间分割需得体,纹样和空白的关系处理要均衡。

图 4 - 40、41、42　填充纹样

角隅纹样也称为"角花"，是与角状或器物转角部位相适合的装饰纹样。角隅纹样除内部纹样要随角形变化外，角尖外形亦可作一定程度的变化。它既可单独一角构成，也可以对角或多角构成。

图 4 - 43、44　角隅纹样

图 4 - 45、46　角隅纹样

（三）连续纹样

连续纹样是根据条理与反复的组织规律，以单位纹样或母题作重复排列所构成的纹样形式。连续纹样中的单位（母题）纹样可以是单独纹样、适合纹样，也可以是不具备独立性，但通过连续组织后，会产生较好的视觉完整性和丰富性的纹样母题。

连续纹样与单独纹样不同。它是以单位（母题）纹样为基础做重复排列，形成无限循环的带状或面状连续的纹样。它具有较强的规律性和秩序美。由于组织重复的方向不同，连续纹样可分为二方连续纹样和四方连续纹样两大类。

1. 二方连续

二方连续就是俗称的"花边",也叫"带状图案",是指以一个单位纹样或母题作上下或左右反复连续循环排列的横式、纵式或图形带状纹样。它极富节奏感和韵律感。二方连续纹样在幼儿园环境创设中使用频率较高。

二方连续的骨式极为丰富,其排列方式可分为散点式、直立式、波浪式、折线式、结合式等基本骨式。其中,以散点式和直立式最为常见,并根据基本骨式可衍生变化出更多样的组合方式,因此,图例中的变化方式并不是仅有的。

（1）散点式

散点式二方连续的构成在结构上富有机械节奏感,其单位形可根据需要进行大小疏密和色调的变化与调整,形成新的视觉美感。散点式二方连续也是连续纹样中最简单的一种。

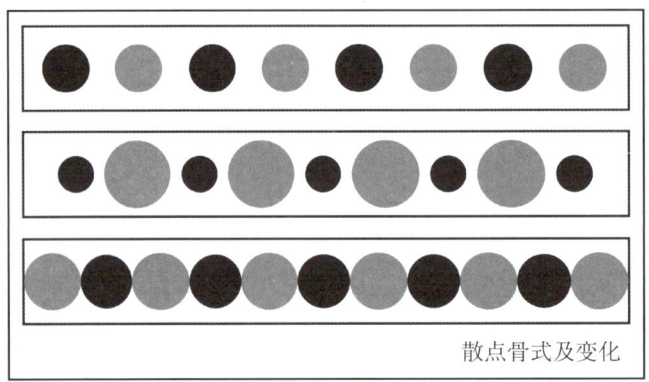

散点骨式及变化

图 4-47　散点骨式

图 4-48、49　散点式二方连续纹样

（2）直立式

直立式二方连续有明确的方向性,纹样组织可垂直向下或向上,也可以上下交替。

其特点是疏密有致,秩序感、平静感较强。

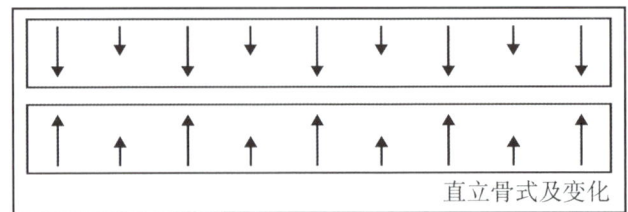

直立骨式及变化

图 4-50　直立骨式

图 4-51、52　直立式二方连续纹样

（3）波浪式

单位纹样之间以波浪线、曲线作起伏连续排列,而构成畅通连贯的流线结构的连续纹样。波浪式分为单波线和双波线两种。波浪式二方连续连绵不断、婉转流畅、节奏起伏明显,具有强烈的旋律感。

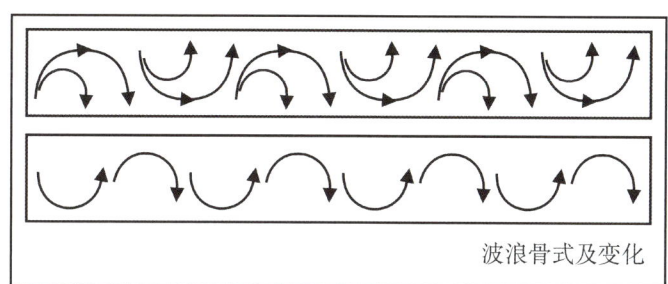

波浪骨式及变化

图 4-53　波浪骨式

图 4-54、55　波浪式二方连续纹样

（4）折线式

单位纹样之间以折线转折作连接或排列的连续纹样。折线刚直有力,折点棱角分明,具有力度感和跳跃感。

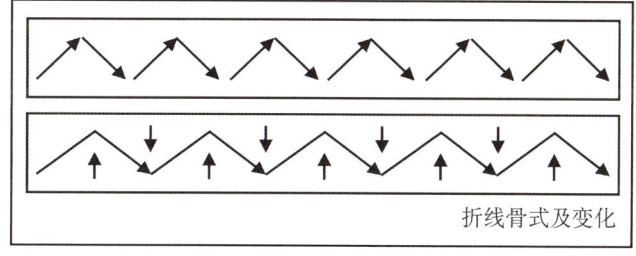

折线骨式及变化

图 4-56　折线骨式

图 4-57、58 折线式二方连续纹样

（5）结合式

由两种（或以上）基本骨式相匹配，在结构上相互取长补短、巧妙结合所产生的新的连续纹样。其特点是风格多样、变化丰富。

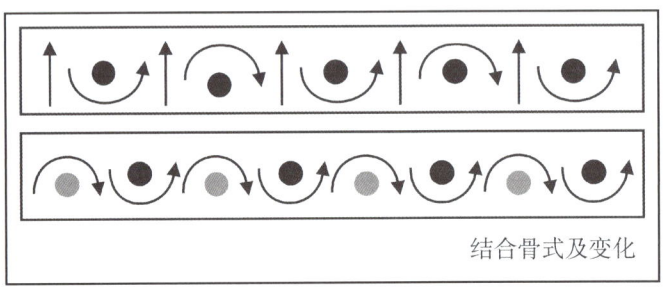

图 4-59 结合骨式

图 4-60、61 结合式二方连续纹样

总之，对二方连续而言，要恰到好处地使用骨式，注意节奏感和韵律感，在适合的空间中，填充好单位纹样图案，使其切合于整体结构和布局中，构成和谐统一、连续不断的形式美感。

2. 四方连续

四方连续纹样是指以一个单位纹样或母题作上下和左右反复连续排列的，并可以无限扩展的纹样。四方连续纹样节奏均匀，韵律统一，整体感强。既有优美生动的单独花纹，也有连续呼应的流畅纹样，在变化与统一中求得虚实照应和丰富有序的协调之美。

在幼儿园环境创设中，可用四方连续纹样的原理设计制作美丽的装饰底纹，它犹如生活中使用的包装纸一般，具有极强的装饰美感。

按四方连续纹样的骨式变化,它有以下三种组织形式。

（1）散点式

散点式组织形式是以一个单位纹样作分散排列,其排列即可平排,也可斜排。

构成散点的基本形可以是同类同形,也可以是不同形。在组织排列中,基本形的大小、方向、姿态可随时发生变化,以形成穿插、灵活、自由的图案效果。散点式也是四方连续纹样中最常用的排列方式。

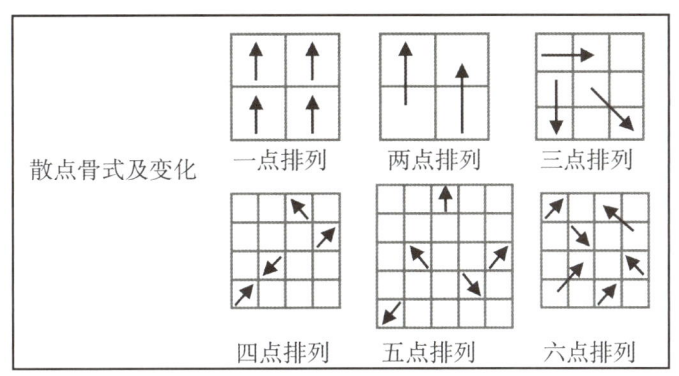

图 4-62　散点骨式

图 4-63、64　散点式四方连续纹样

（2）连缀式

连缀式组织形式是利用一个单位纹样进行横竖参错排列,形成四方连续构图的形式。具有构成连绵不断、严谨充实之美感。

连缀式有菱形连缀、阶梯连缀、波形连缀、转换连缀等多种连缀形式。

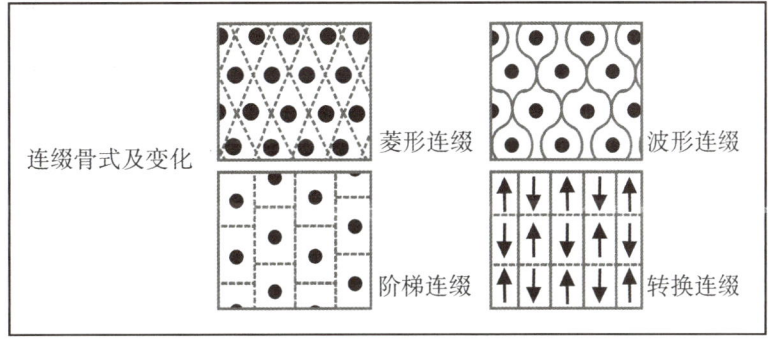

图 4-65　连缀骨式

图 4-66、67　连缀式四方连续纹样

（3）重叠式

重叠式组织形式是将两种或两种以上不同的纹样连续重叠应用在单位纹样中的一种组织形式。一般将这两种纹样分别称为"浮纹"和"地纹"。应用时要注意以表现浮纹为主，地纹尽量简洁，互相衬托，突出主题，才能达到统一之美。

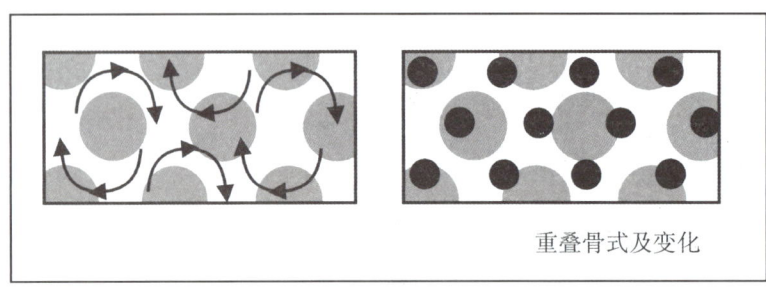

重叠骨式及变化

图 4-68　重叠骨式

图 4-69、70　重叠式四方连续纹样

思考与练习

1. 选取一幅喜欢的作品临摹，并体会图案骨式与色彩。
2. 分别以点、线、面三个造型要素绘制三幅图案作业。工具、技法不限，单幅作业尺寸 10×10 cm。
3. 用同一纹样要素，以不同的骨式组织形式，分别设计绘制单独纹样、适合纹样和连续纹样。

教学图例

图 4-71　　　　　　　　　　　图 4-72

图 4-73

图 4-74　　　　　　　　　　　图 4-75

图 4 - 76

图 4 - 77

图 4 - 78

图 4 - 79

图 4 - 80

图 4 - 81

图 4 - 82

图 4 - 83

图 4 - 84

图 4 - 85

图 4 - 86

图 4 - 87

图 4 - 88

图 4 - 89

图 4 - 90

图 4 - 91

图 4 - 92

图 4－93

图 4－94

图 4－95

图 4－96

图 4－97

图 4－98

图案 ■ 装饰

图案造型（下）

 教学提要

本单元是教学单元四的延续与拓展，具有知识体系的连续性。在初步认识和掌握图案造型的种类、要素和组织构成的基础上，着重探讨和解决图案造型的基本途径和表现技法，关注学生对图案表现技法的练习与掌握。一方面，途径与技法是图案造型的具体手段，对图案形式美、丰富其内涵具有重要意义；另一方面，许多技法既是幼儿在玩色、造型游戏中需要的，也是幼儿教育实践中引导或激发幼儿学习的有效方法。

图案造型途径与方法中的写生变化造型部分，可根据学生具体情况作适当删减；装饰图案构图部分属延伸、提高内容，教学实践中，可视具体情况择定。

一、图案造型的途径与方法

这里讲的造型途径与方法主要是关于具象造型的途径与方法。

对图案造型基本途径与方法的学习，一般遵循由浅入深、从简到繁的基本规律。即在学习观察写生、收集素材的基础上，掌握造型变化的具体方法，熟练后进一步学习掌握其他造型方法，最后进行图案表现技法和装饰构图手法的综合训练。然而，学习过程不能生搬硬套，实践中应灵活掌握和运用，因为图案造型的途径与方法有多种，而且具体的图案造型往往要同时运用多种途径和方法来完成。

（一）写生变化造型

写生变化造型是对写生收集来的素材（物象原型）进行艺术加工（变化），使之成为装饰化艺术形象的过程。

1. 写生

写生是图案创作的重要步骤之一。

（1）写生目的。首先，为图案创作记录、搜集素材，为图案造型做好准备；其次，更深入地了解和熟悉自然界中的各种形象，训练观察能力、造型能力以及捕捉美的能力。

（2）写生要求。一是抓对象的结构特征，选取最美的姿态、合适的角度进行描绘，以便变化时做取舍加工；二是合理安排构图，从整体入手正确把握对象的比例关系，及其在画面中的完整性和均衡性，做到表现手

图 5-01 线描法（菊花）

法多样，变化和谐统一；三是处理好写生对象的主从关系，使之形成有概括、有取舍、有强弱、有对比的节律关系。总之，要抓特点、巧构图、重整体、多概括、有取舍。

　　（3）写生方法。写生的方法多种多样，由于工具材料、表现方式的不同，会产生不同的写生效果。常用方法有线描、明暗、淡彩和影绘等。一般说来，由于线描法使用单线勾勒，用线简洁洗练，线条清晰明确，能够将描绘对象的轮廓结构清楚地呈现出来，有利于后续的变化造型，同时又便于初学者掌握，所以，图案变化写生多用此法。当然，写生方法不必拘泥于某一种，而且写生本身是为图案设计服务的，因此要视具体需要而定。

图 5-02　淡彩法　　　　　　　图 5-03　线描法（水仙）　　　　图 5-04　影绘法

2. 变化

　　变化是对写生对象的概括提炼、艺术加工，突破原有样貌，改变其造型，使之理想化、装饰化的过程。简单地说，图案的变化就是把自然形态改变为图案形象，它既是图案创作的最终目的，也是图案造型的基本手段。

　　图案常用的变化手法有概括、夸张、添加、几何化等。

写生形　　　　　　　　　基本形　　　　　　　　　　　　　　　技法形

图 5-05　图案"变化"过程

（1）概括法。就是省略、简化，也称简化法。概括过程是对原型进行删繁就简、简化、归纳的过程，也是对原本杂乱的自然肌理组织规整、外貌特征提纯的条理化过程。这一过程会使图案形象更典型、更简练。如：向日葵（图5-06），其花托、花瓣、葵花籽在外部形态上显得比较复杂，通过简化使它显得既有规律，又具形式美感；又比如狐狸，在人们眼中是奸诈、狡猾的代名词，通过对狐狸外形的归纳概括，更强调它圆滑的造型特点；再如将仙鹤（图5-07）身体羽毛的部分进行简化、归纳之后，再进行条理化的纹饰处理，会使图案造型的创意、构思得到进一步提炼和升华。可见，这些变化都是通过简化、概括而获得的。

图5-06 概括法（向日葵）

图5-07 概括法（仙鹤）

图5-08 写生稿（孔雀）

（2）夸张法。夸张是图案造型常用的表现手法之一，是对形象外部特征、神态、习性的适度强调和夸大，从而使形象更加生动传神，更具装饰效果。如圆的更圆、方的更方、大的更大、小的更小、多的越多、少的更少等。比如孔雀（图5-08）最具特点的是它的尾羽及其丰富的色彩变化，特别是羽毛和羽毛之间的重叠给人无限的想象空间，通过不同的夸张手法对孔雀的尾羽进行多种变化（图5-09、10、11），可使其特征更加突出，展现多重美感；又如对仙鹤的外形，可突出其坚硬细长的嘴部特征；再如对绵羊的夸张可突出其柔软卷曲的体毛。

图5-09、10、11 夸张法（孔雀的多种夸张）

（3）添加法。是在变形后的图案中加入一些装饰纹样或元素，使其造型更丰富，创意更新颖，形式上更富装饰意味。中国传统图案常用此法，称之为"花中套花"。如，在牛、羊造型中添上花草纹样，使其形象更富有装饰趣味。需要注意的是，这种添加必须是"锦上添花"，而非"画蛇添足"。

图 5-12　添加法（公鸡）

图 5-13　添加法（猫头鹰）

（4）几何化法。直接用几何形对形象的基本特征进行概括、表现，使图案更加简洁，具有典型性。如：中国民间的"七巧板"拼图就是典型的几何化造型（图 5-14、15）。图 5-15 将人的各个部分进行几何化组合，生动地表现出人物的姿势特征及灵活的动势变化。图 5-16 通过大小不同的矩形组合，将一只绒毛柔软蓬松、蜷缩着的狐狸形象生动地表现出来。

图 5-14　"七巧板"拼图　　　　图 5-15　"七巧板"拼图

图 5-16、17、18　几何化法

　　尽管图案造型有写实、变形等形态,图案变化造型的手法也有所不同,但在应用中却不是孤立的,往往是多种手法的综合运用。对各种变化手法的掌握与熟练运用更需要大量的实践练习。

(二)联想造型

　　联想是一种心理活动方式,一种重要的艺术构思方式。联想造型是由一事物想到与之相关联的另一事物的造型构思的心理过程。即"借物造像",就某一事物形状联想到更多事物形状,并在其基础上进行加工、改造使之成为新形象的过程。其实,幼儿园美术教育活动中的许多"添画"活动就是联想造型。

　　联想造型既可来自具体形象,也可通过抽象形象获得启迪。如:由公鸡正侧面的外形联想到中国地图;由狮头外形联想到人杂乱的头发或茂密的仙客来盆栽(图 5-19);层层包裹的玫瑰花与经过揉搓拓色后产生的肌理效果就好像绽放的玫瑰花一样的报纸,二者在视觉效果上不由使人产生联系(图 5-20)。

图 5-19　联想造型(狮)

图 5-20　联想造型(玫瑰)

(三)想象造型

　　想象是一种有目的、创造性的思维活动。想象造型是在已有经验和感性形象的基础上,创造出新的形象的造型途径。有明确目的的想象可分为"再造想象"和"创造想象"。例如,将色彩、造型各异的石头进行有目的的组合搭配,创作出图案装饰画(图 5-21、22)。这就是在观察的基础上,通过想象创造出新的艺术作品的过程。可见,没有想象就没有创造。想象造型对创造意识和创造才能的培养具有重要作用。

想象造型,特别是通过各种操作材料进行的造型、建构活动,在幼儿园教育活动中十分普遍,也深受幼儿的喜爱。

图5-21　想象造型(对弈)　　　　图5-22　想象造型(问路)

图5-23　想象造型(母女)

(四)记忆表象造型

记忆表象是保存在人头脑中的曾感知过的客观事物的形象。记忆表象不仅是一个人的映象,而且是一种心理操作过程,即形象思维活动。记忆表象造型是指当客观事物不在面前时,通过曾经感知过的、头脑中保存的事物的表象特征,加以概括描绘的造型途径。

这一造型途径是在对客观事物进行长期观察、分析、积累的基础上,内化成大量的表象经验,创作时根据记忆表象再外化为图案形象的心理操作过程。

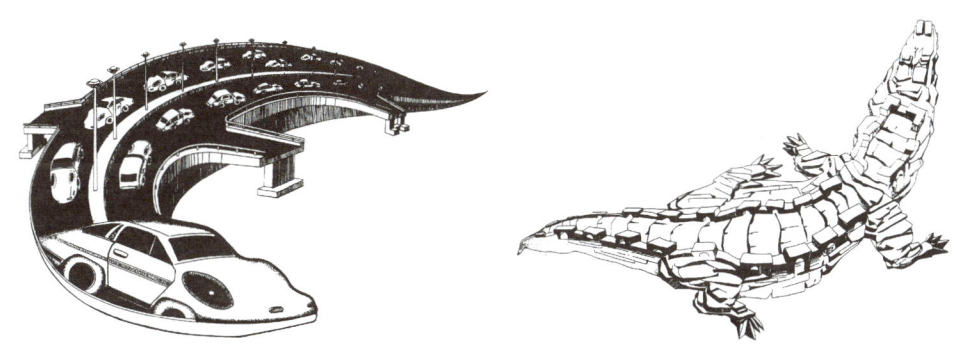

图5-24、25　记忆表象造型(鳄鱼)

二、图案的表现技法

表现技法是图案绘制的重要手段，图案绘制中，运用不同的工具材料、施以不同的表现技法，便会产生不同的图案效果。

图案表现技法多种多样，通常分为常规表现技法和特殊表现技法两大类。

（一）常规表现技法

常规技法一般是指运用常规工具材料（铅笔、毛笔、钢笔、水粉颜料等）、常规造型手段（描绘、勾勒、渲染等）进行图案表现的方法。常规表现技法中又以点绘、线描、平涂、晕染和退晕的应用最为普遍。

1. 点绘

点，有大小、方圆、疏密、规则与不规则等多种变化。点既可以构成纹样的线，也可构成纹样的面；既可产生静止感，也会产生动感；既可以黑白表现，也可以色彩表现。

图 5-26　点绘　　　　　　图 5-27　线描

2. 线描

线描在图案设计中运用广泛，具有较强的表现力，比较适合描绘形象的结构。线有曲直、长短、粗细、单双、虚实、疏密等变化，可表现多种性格。

3. 平涂

平涂在图案表现中以面呈现，应用十分广泛，且比较适合初学者。平涂讲究用色单一，表现平整，简练概括。如果用浅色做图案底色，纹样轮廓线内用深色平涂，会得到强烈的明度对比。

图 5-28　平涂　　　　　　图 5-29　晕染

4. 晕染

晕染类似于中国画工笔技法中的渲染。长于图案纹样的明暗效果和层次感、立体感的表现。晕染要在颜色未干时，用蘸清水的毛笔把颜色慢慢晕开，形成由深到浅的渐变效果，以达到自然过渡的、柔和美的艺术效果。

5. 退晕

退晕又称叠晕，和晕染一样也表现色彩的渐变效果，所不同的是，退晕的渐变效果有很明晰的色阶变化。

通常情况下，退晕多用干画法来表现，晕染则多用湿画法来处理。

图 5－30　退晕

（二）特殊表现技法

特殊技法是指用特殊的工具材料，采用特殊的表现手段，取得特殊图案效果的表现手法，也称肌理制作技法。这种手法不受传统或常规表现技法的束缚和限制，所获得的图案肌理变化丰富，效果独一无二。

不同的制作技法能够产生不同的肌理效果，它可以使装饰图案的表现形式丰富多样，更具看点，因此不仅被广泛地运用于图案设计之中，而且在幼儿园美术教育活动中的应用也非常广泛，以增强活动的趣味性和幼儿的主动性、探索性。所以，人工肌理制作技法得到许多图案设计者、美术教育者的大胆实践和尝试，并应用于设计和教育实践。

鉴于全国幼儿师范院校和学前教育系的教学资源与条件的差别，考虑师生的操作便利和图案实践的需要，这里介绍几种简便易行的特殊表现技法。

1. 刷绘

牙刷蘸上颜色在金属丝网上反复摩擦刷动，可在纸面上弹出细小而均匀的色点，类似喷绘的效果。

刷绘表现主要用到的工具材料是牙刷、金属丝网和水粉色。若更换刷绘工具材料，或改变刷绘操作方式、速度等，都就会出现肌理各异的图案效果。如：用生宣纸就会出现色点相互渗染的效果；用小竹片或手指直接拨动蘸色牙刷将颜色弹射在画面上，就可产生雾状效果；将拉散开来的丝绵等纤维物平铺在纸上，再做有部分遮挡的喷刷，揭去遮挡物后就可出现大理石纹理；在刷绘基础上，再用牙刷或油画笔蘸上浓稠的颜料按预先构思绘制，可形成类似枯笔的粗犷效果，等等。

图 5－31、32、33、34　刷绘

2. 拓印

拓印，也称压印，类似于盖印章。通常用揉皱的纸张、布料等蘸上颜色后印在纸上。拓印制作具有工具材料简便、易操作、见效快的特点。

图 5-35、36　拓印

使用的拓印工具不同，印出来的纹理效果也不一样，一些自然物或日常生活中的常见物品也可用来作拓印材料，如：树叶、花瓣、丝瓜瓤、海绵、线绳、瓶盖等等。

3. 吸附

吸附也称"水拓"。将墨汁、水彩、水粉或稀释的油性颜料滴入水中，待其浮游水面后，将宣纸或吸水性较强的高丽纸覆盖于水面，纸张会瞬间将交融景象吸附。吸附的画面效果变化万千、富有韵味。

图 5-37、38、39　吸附

4. 流彩

流彩是指在湿润的纸张上点、涂颜色，趁颜色未干时将纸张提起，任其自然流淌而形成肌理。

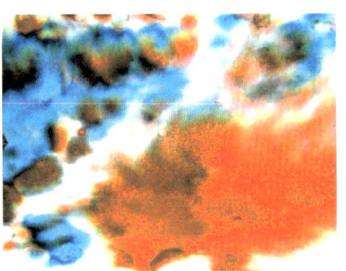

图 5-40、41、42　流彩

5. 吹彩

吹彩是指将颜色滴溅于纸张上，用嘴或吸管辅助吹气得到的放射状纹理。吹气力度大小和方向不同，色彩交融的韵味或形象也会各异。

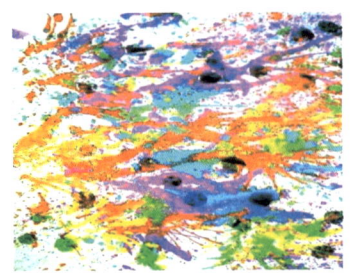

图 5-43、44　吹彩

6. 拼贴

拼贴是用各种纸张、布料或其他加工便利（安全）的物质材料，通过切割、重构、组合、粘接等手段进行图案创作的方法。其材料丰富、形式多样，具有较强的装饰美感。

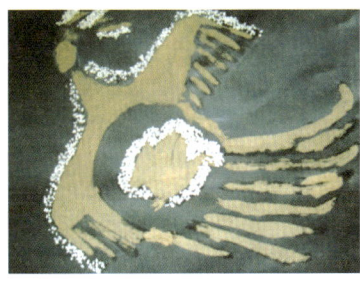

图 5-45、46、47、48　拼贴

图 5-49　拼贴

这里所例举的技法只是其中的一部分，其目的是抛砖引玉。此外，还有脱胶、转印、防染（排水）、熏、刮等表现技法，这些技法既可单独运用，也可混合使用。操作中应不断积累经验、拓宽思路，积极创造新的制作技法。

三、装饰图案的表现

图案具有较强的实用性和装饰性，运用图案唯美的理论和原理，结合一定的情感构思就会很自然地衍生出装饰图案这种艺术形式。而装饰图案表现的关键在于对装饰构图的把握。

（一）装饰构图的特征

构思是装饰构图的基础，是一个反复的认识过程。构思过程中要尽情表达个人的主观设计理念，充分发挥想象力，力图做到"意在笔先"。构图是构思的形式化、具体化体现，在艺术形式上凸显程式美、平面美、空间美和完整美的表现特征，力求内容与形式和谐统一的、新颖的装饰构图。

1. 程式美

程式美即是规律美和秩序美。就是要在形象、色彩、组织等变化之中求得统一的因素,使得装饰构图在视觉上产生韵律感、节奏感和规律美、秩序美。

具体地说,教学单元四中已学习过的各种图案骨式就具备一定的规律和秩序,是程式美的表达方式之一。学习过程中要注意知识体系的相互联系,并进行仔细推敲和归纳,以提高学习效率。

图 5-50、51　程式美

2. 平面美

平面美即装饰构图所追求的平面美感。装饰图案的平面感与写实绘画依透视关系所追求的立体感完全不同,它不刻意追求画面的立体纵深效果,所以多用平视来选取表现角度,以抓取典型特征的轮廓线或"影子"予以替代;形象处理上,讲究上下左右平面展开,避免遮挡和重叠,多用"透叠"的手法将前后形象有机融为一个层次,体现平面美。

装饰构图对平面感的追求在很大程度上与幼儿绘画的表现方式不谋而合,对这一表现特点的把握,于今后有针对性的指导幼儿绘画有着重要的现实意义。

图 5-52、53、54　平面美

3. 空间美

空间,就是形象处理过程中的"空白",它是一种有形无象的抽象形。装饰构图讲究空间美,就是要因空间或适形而造型,以寻求创造的自由,达到形象美和空间美的装饰效果。这一过程中,除把握好具体形象的塑造外,还要注意形象之间的虚实空间处理,做到虚实有致,呼应得当,以此加强画面的整体美感。

图 5 - 55、56　空间美

4. 完整美

完整美即装饰构图画面中的完整性。一幅优秀的装饰作品,无论是在内容上还是在形式上都要尽可能做到独立与完整。完整性是由装饰图案的功能和实用目的所决定的。一方面,它本身具有使画面均衡、集中、和谐、统一等功能表现;另一方面,充实、饱满、完整的构图,也符合欣赏者的赏析习惯和审美要求。

图 5 - 57、58　完整美

（二）装饰构图的体裁

根据不同的实用目的、审美要求、题材内容,装饰构图有不同的体裁样式。对体裁的准确掌握可以使环境创设和装饰变得有章可循,并且更具目的性。

作为装饰构图的常用体裁,主要有格律体、平视体和立视体。

1. 格律体

格律体构图是指以九宫格、米字格或两种格式相结合作骨式基础的构图样式。它既具有结构严谨、和谐稳定的程式化特征,又具有骨式变化多样、不拘一格的情趣。格律体构图的步骤是:求中心,分面积,取骨式,配纹样。

这种体裁形式在传统纹样的装饰中应用广泛,如:地毯、台布、床单、手帕的装饰等。在幼儿园环境创设的装饰中适用于小物件和细节的装饰,也可用于和装饰相关的幼儿美术活动。

图 5-59、60　格律体

2. 平视体

平视体构图不受格律、画幅大小的限制，也不受画面表现空间的局限，是一种"一律平看，不画顶侧"的自由式的构图。比较适合于复杂情景的表现，形象不重叠、造型求单纯，摄取侧面的生动姿势，所有形象、情景均依平面展开，完全忽略空间和透视，讲究适形造型和形象与形象、形象与空间的相互适应、相互衬托的组合美。民间剪纸、皮影的构图，现代壁画、壁挂、装饰画的构图多采用这种体裁。

图 5-61　平视体

图 5-62　平视体

3. 立视体

立视体构图是从平视体构图演化而来的。它在平视体的基础上画出顶面和侧面，表现形象的立体感和空间感，从而形成立视体。这是一种具有浪漫主义色彩的构图形式，可将不同时间、空间的内容组合在同一画面进行表现。在现代装饰画中运用极为广泛。

　　在幼儿园环境创设和氛围营造上，多以装饰图案构图和表现手段来加强画面的装饰效果。这部分内容的学习与掌握，对今后所从事的幼儿教育工作具有实用价值。

图 5－63、64　立视体

思考与练习

1. 分别以概括、夸张、添加、几何化等方法设计图案作业各一幅。

2. 运用想象、联想各创作一幅图案装饰画。

3. 以常规表现技法绘制图案作业一幅。

4. 练习掌握各种特殊表现技法，并观摩其在幼儿园美术活动中的运用。

5. 以《快乐童年》或《我爱幼儿园》为主题，创作装饰画一幅。作业要求：4 开作业纸，表现技法不限，主题突出，装饰感强。

教学图例

图 5－65　　　　　　　　　图 5－66　　　　　　　　　图 5－67

图 5 - 68

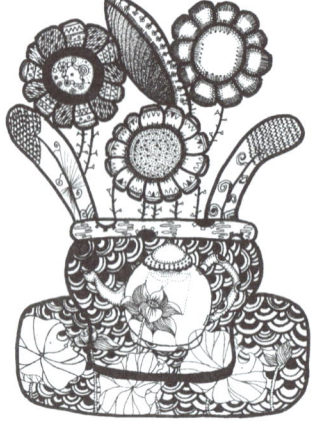

图 5 - 69

图 5 - 70

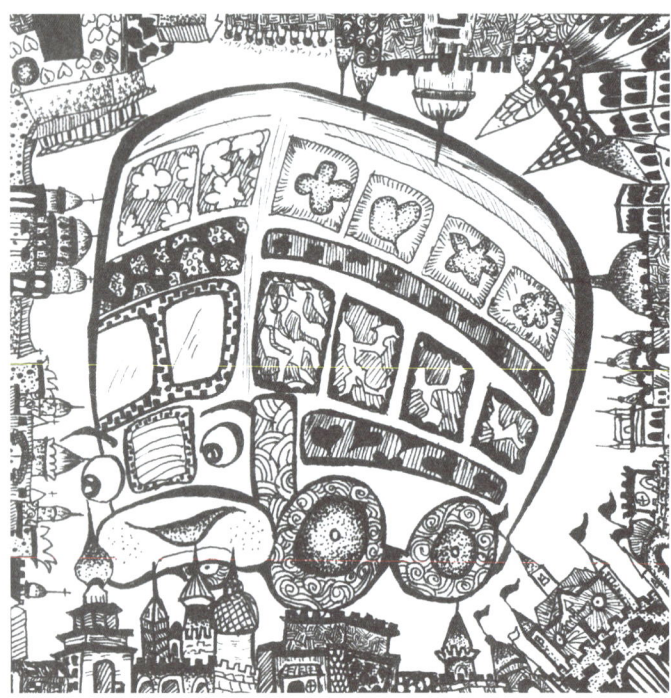

图 5 - 72

图 5 - 71

图 5 - 73

图 5 - 74

图 5 - 75

图 5－76

图 5－77

图 5－78

图 5－79

图 5－80

图 5－81

图 5－82

图 5 - 83

图 5 - 84

图 5 - 85

图 5 - 86

图 5 - 87、88

图 5 - 89

图 5 - 90

图 5 - 91

图 5 - 92

图 5 - 93

图案 ■ 装饰

教学单元六

美 术 字

 教学提要

　　本单元从美术字的特点、种类入手,对字体设计的基本笔形、书写规律和步骤做详细示范分析。教学过程中,应在学习掌握基本字体的基础上,突破传统美术字和印刷体字的笔形、结构,创作出富有个性和艺术特色的字体,以满足幼儿园美化装饰教育环境的实际需要。写好美术字不是一朝一夕之事,应重视日积月累、坚持不懈的练习。

　　美术字,也称图案字或字体设计,是在印刷体汉字(宋体)的基础上,经过美化加工、装饰而成的工整美观、格式化、实用性强的文字绘写艺术。美术字字体工整、醒目、美观、易辨认,是开展宣传、教育不可缺少的有效工具之一。美术字广泛存在于学习、生活环境中。如:横幅标语、招贴、宣传栏、教室布置、展览会以及商品包装装潢、各类广告、报刊杂志和书籍装帧等。

　　原国家教育委员会师范教育司 1992 年 9 月颁布的《高等师范学校学生的教师职业技能训练基本要求》(试行稿)中,明确规定师范生要加强规范汉字书写技能的训练。因而,幼儿师范生有责任学好美术字,并将其视为视觉传达艺术和幼儿教师技能的训练手段之一,为有效表现视觉审美和适应将来的教育教学工作打下坚实的职业基础。

一、美术字的特点与种类

　　美术字具有形态优美、醒目大方、字形整齐、笔画统一、间隔匀称、结构严谨、装饰性和实用性强的特点。绘写时应从以下三个方面加以体现。

　　1. 可读性。文字加工美化的意义在于增强文字的信息传达作用。首先,美术字的绘写要吸引阅读、易于识读。其次,在连续性文字中,笔画风格要一致。黑体和宋体美术字应规范化,变体美术字应易于辨认。

　　2. 适用性。不同环境、场合的美术字有不同的设计要求,有的需要庄严肃穆,有的需要秀丽活泼。所以,美术字的设计、加工要与内容、适用场所相吻合,既要从内容出发来对文字进行加工,使之概括、醒目;又要突出其精神与含义,增强环境气氛。

　　3. 艺术性。和其他艺术形式一样,美术字应以自身的艺术特色吸引或感染读者。不仅每个字要美观醒目,而且整幅文字都要整齐、匀称、稳定;美术字的结构要在统一中求变化,变化中求统一,以达到整体协调、美观的效果。

　　美术字的种类可以从不同的角度进行表述,不同的分类角度,有不同的分类依据。实践中通常将美术字分为汉字美术字、拉丁字母(汉语拼音)和阿拉伯数字美术字。最基础和常用的是宋体、黑体和变体美术字。

二、美术字的一般构成规律

写好美术字的关键在于解决字的结构、比例、动势、笔调和重心等问题。汉字具有"方、正"的外形特点,绘写时注意把握"大小一致,方正饱满;上紧下松,撇捺伸展。上顶天,下着地,左靠墙,右抵壁;横要平,竖要直,靠边横竖向里让,穿插争让要得当"的诀要规律。

宋体与黑体美术字尽管在笔画特征上有较大区别,但在字形的组合、结构上却是完全一致的。基于这一规律,我们对宋体与黑体美术字的结构特点一并作深入分析。

(一)上紧下松

人的视觉中心往往略高于几何中心,"上紧下松"正是利用了人的视错觉。也就是说,在绘写美术字的时候,字体的上半部要尽量紧凑些,而下半部则应舒畅些,达到视觉和心理上的平衡,才显得协调美观。

髋 款 项 静 宽 拼

图 6-01　上紧下松

(二)先主后次

汉字由横、竖、点、撇、捺、挑、勾等基本笔画组成。其中,起支撑作用的叫主笔画。如果将绘写美术字比作建房,那么,横、竖就是房屋的梁、柱,占主要地位,点、撇、捺、挑、勾等就像房屋的附件,占次要地位。所以,绘写时应首先安排主要的笔画,再写副笔画,以控制整个字体的格局。一般而言,主笔画变化较少,副笔画相对灵活,借以调解空间,使文字结构更加紧凑。

(三)横轻竖重

由于汉字中的横画多于竖画,在书写时就自然形成了横细竖粗的笔画形态。尤其以宋体字最为典型;黑体字横竖画虽要求基本一致,但事实上横画要比竖画细一些。这是因为同样宽度的一条横线和竖线,在视觉上横线要略粗于竖线。所以,对字体中同样宽度的横画和竖画,在绘写时要考虑到横画细于竖画,并调整好字体的空间布白。

家园互动

图 6-02　横轻竖重

(四)穿插呼应

汉字的组合结构较为复杂,归纳起来有上下、左右、内外三种基本形式。如:

上　　下:冒、吕、出、要。

上中下:曼、慧、翼、冀。

左　　右:秋、勤、科、环。

左中右:树、街、做、脚。

内　　外:医、园、回、团。

图 6-03　穿插呼应

特　　殊:坐、爽、夹、噩。

在绘写美术字时,应考虑到这些组织形式,使笔画之间的气韵互相连接、相让、穿插、呼应,从而产生灵活而严密的效果。在组合上,文字各部分所占面积并非绝对等分,要注意根据部首所处位置、大小、长短等因素作适当调整,适得其位,形成字面上的有机联系。

（五）均衡稳定

对字体中的空间进行平衡、调整，达到分布合理而均称，使整个字型稳定且具律动效果。主要从三个方面进行：一是从外形、笔画和内白着手，对字形大小进行调整；二是根据少笔粗、多笔细，主笔粗、副笔细，外档粗、里档细，疏粗密细，笔画交叉处细的调整原则，进行笔画粗细调整；三是以视觉中心为基准，以上紧下松为基本原则，对单字重心进行调整。

多少参差

图 6-04　均衡稳定

三、美术字的绘写

（一）美术字的绘写步骤

美术字的临摹和绘写可按以下步骤进行：

1. 构思。以文字内容和使用场合为依据构思立意，综合考虑文字大小、字体选择、笔形塑造和文字色调，力求艺术风格与文词意义相吻合。

2. 打格。用铅笔在绘写纸上打格，以确定字的基本结构和空间比例。初学练习可在八开纸上进行，打格时注意边距、行距和字距的合理安排。

3. 布局。按字的基本结构，在格内划分出文字各部分的基本比例。整体布局对初学者来说，可有效避免上下左右不均衡的局面。待熟练后，此步骤可省略。

4. 起稿。根据美术字的一般构成规律，在格内用单线勾画字的骨骼，经审视、推敲和调整，再双勾字形轮廓，并注意笔形统一，力求布局合理、风格一致。

5. 填色。用墨或颜料勾画字的轮廓线，然后均匀填色。

6. 修饰。注意满收与空放相结合，对字的细节（笔画转角处、交叉处）和毛边进行必要修整。

（二）汉字美术字

1. 宋体美术字

欢迎小朋友入园

图 6-05　宋体美术字

由宋代雕版字发展演变而来。字形方正，笔画横细竖粗，横、竖画转角处呈钝角，点、撇、捺、挑、钩的最宽处均与竖画相等，尖锋短而有力。

点：上尖下圆如瓜子。

横：细，起笔略倾斜。

竖：粗，起笔倾斜，右侧有顿笔，收笔呈斜圆形。

撇：起笔与竖相同，上粗下细，收笔尖。撇如刀。

捺：起笔尖细，行笔弯腰渐粗，收笔略呈弧形。捺如扫。

挑：略呈三角形。

折：横与竖的组合。

钩：起笔有顿，内方外圆，斜钩右下方呈弧形。

图 6-06　宋体字基本笔画

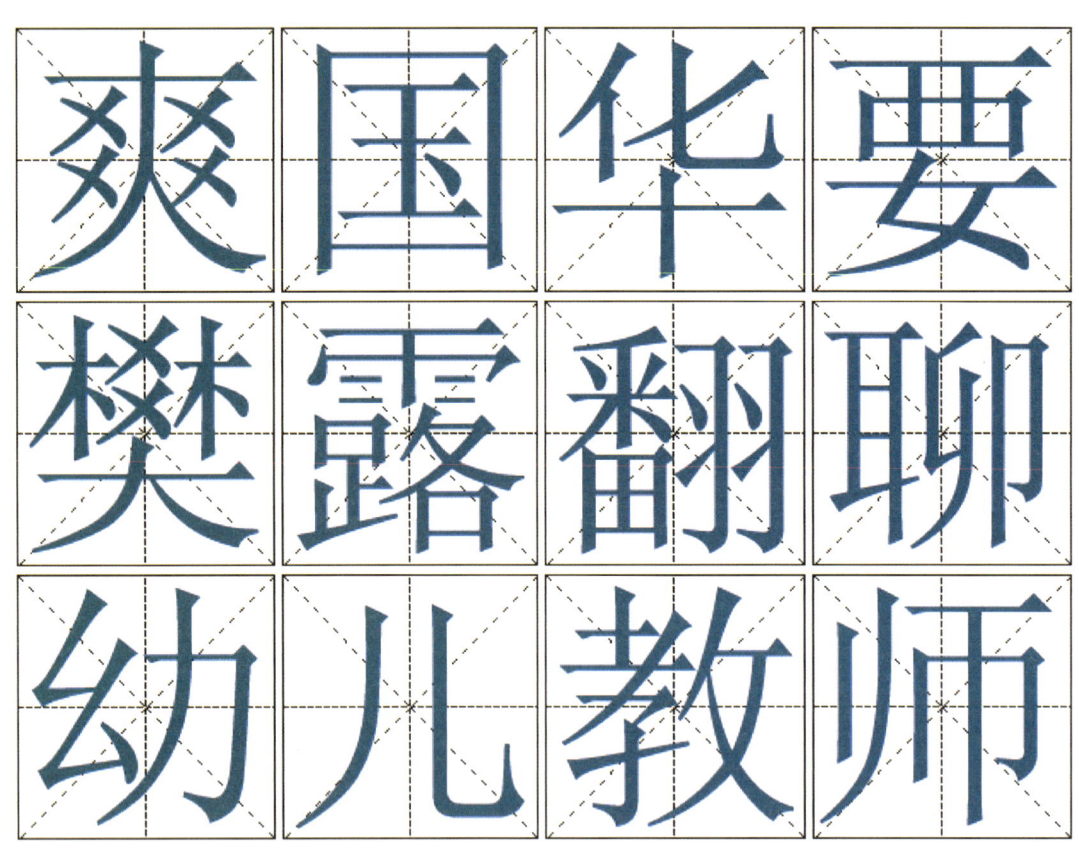

图 6-07　宋体绘写字例

2. 黑体美术字

字体粗壮,方黑一块,笔画粗细基本相同,方头方尾,转角处不留钝角,点、撇、捺、挑、钩也都是方头。黑体虽不及宋体生动,但字形浑厚有力、朴素大方、对比鲜明、简洁醒目,适用于重要、庄重的场合。

黑体字笔画宽度大致相同,但并非绝对,在绘写时切不可墨守成规,强求一律。

黑体美术字的笔画特征是:齐头、等粗,少变化。

欢迎小朋友入园

图 6-08　黑体美术字

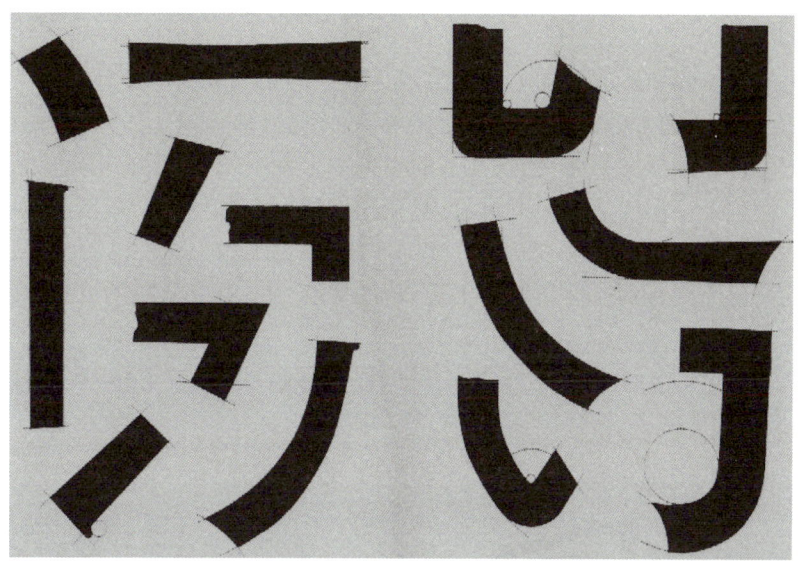

图 6-09　黑体字基本笔画

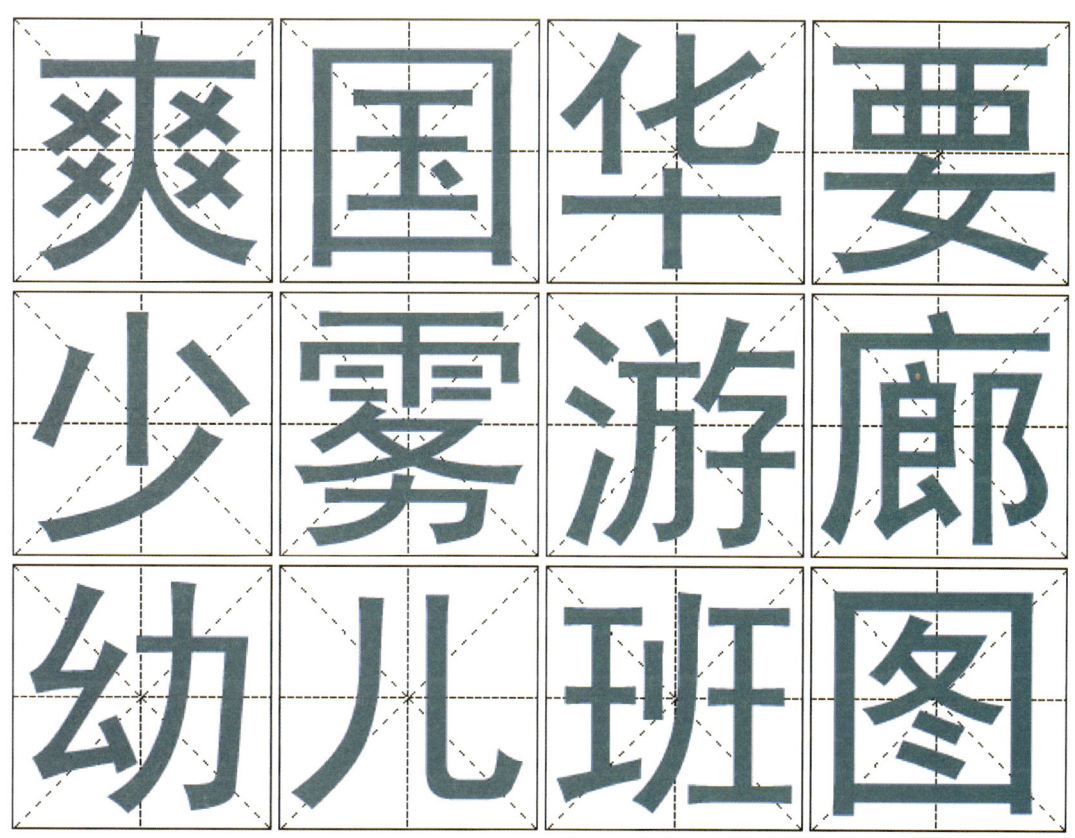

图 6-10　黑体绘写字例

3. 变体美术字

图 6-11　变体美术字

　　变体美术字是在宋体和黑体的基础上进行装饰、变化、加工而成的。变体美术字的绘写在保持汉字原有风貌特征的基础上,通常都遵循一定的变化规律。

　　由于变体美术字可以根据文字含义,以丰富的想象力重新组织字形,运用点缀、装饰等加工手段,使其在一定程度上摆脱了字形和笔画的束缚,具有变化多样、生动形象、新颖别致、诗情画意等艺术特点和风格。

　　变体美术字的变化原则是:立足内容,易于辨认,完整统一。可以从字的外形、笔画和结构入手进行变形。

　　(1)字形变化。改变文字的外形,或横排、竖排,或以放射状、波浪形排列,或按照文字的含义添加、借用与字义词义相关的图形、情景。如,拉长或压扁字形。

图 6-12　字形变化

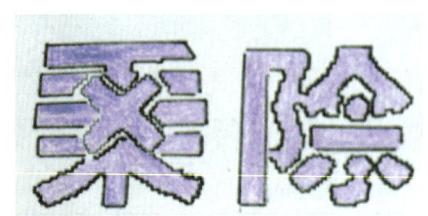

图 6-13　笔画变化

图 6-14　结构变化

　　(2)笔画变化。变化的主要对象是点、撇、捺、挑、钩等副笔画,主笔画则少变化,多在笔画的长短或粗细上稍作变化。如:在宋体的基础上去掉竖、撇的起笔,横画的收笔,以及转折处的小三角形等。

　　(3)结构变化。有意识地把字的某一部分夸大、缩小,或有度移动某一笔画,改变字的重心,使字形更加别致、新颖。如:"错位"一词可将"错"字"日"部移位,形成结构变化,"雷电"一词的个别笔画可用"闪电"形象来代替等。

　　在长期的艺术实践过程中,变体美术字衍变出了装饰美术字、象形美术字、立体美术字、阴影美术字等类型。

(三) 拉丁字母(汉语拼音)和阿拉伯数字美术字

　　世界上许多国家使用拉丁字母和阿拉伯数字,我国的汉语拼音所采用的就是拉丁字母,阿拉伯数字更是应用广泛,掌握其绘写方法具有一定的现实意义。

1. 拉丁字母

　　拉丁字母是大部分英语国家和欧洲人聚居区语言的标准字母。我们通常说的拉丁字母是指 26 个英文字母,分为大写字母和小写字母。

　　(1)字距、行距、词距。字距多取字母 i 的宽度为间距;大写字母的行距一般是字高的 1/2,小写字母的行距一般是字母的底

图 6-15　英文美术字

部与下行字母的顶部相触即可；大小写字母的词距，中间能容下一个 I 或 i 即可。

图 6-16　大写字母写法

（2）画格与绘写。大写字母只有宽窄之分，只要画出两条平行线作为字母上下两端的界线即可。绘写比例关系是：高度一致、宽度不一、下接基线、上达顶线。

小写字母相对复杂一些。在高度上，用四条平行线将小写字母划分为三个部分：顶线至肩线为上部，肩线至基线为中部，基线至底线为下部；在宽度上，除 l、i、m、w 外，其他字母都与 n 的宽度相符（图 6-17）。由于小写字母中 a、s、g 均为曲线笔画，最难写好，所以绘写是要对字母中圆弧形的上下两端略加伸展修饰，左右两端随之做相应伸展，同时注意曲线笔画的动势所构成的基本形的微小区别所在。

图 6-17　小写字母写法

当大小写字母一并绘写时，大写字母的上端与顶线相齐或略低一点，下端则与基线对齐。小写字母写法不变（图 6-17）。

（3）常见字体。拉丁字母字体有多种，常见字体有罗马体、埃及体、无饰线体、手写体、变体等。

2. 数字

数字的绘写与大写字母基本一致，可采用大写字母的方法，在形式上借鉴小写字母写法。需要注意的是 2、3、5、8 曲线笔画所构成的圆形面积是不同的，数字 0 与字母 O 的区别在于，数字 0 的形体相对要窄一些。

1234567890

图 6-18　数字美术字

四、手绘 POP

图 6-19　手绘 POP 广告

POP 是英文"point of purchase"的缩写，意思是"购买点广告"或"店前广告"，简称 POP。它是一种新兴广告媒体。

伴随手绘 POP 的发展，形成了专业的海报字体，以及活泼多样的卡通造型。

从制作上，POP 可以分为手绘和机械处理两种形式。基于幼儿教师教育和幼儿园教育特点，这里只对手绘 POP 作讨论。

（一）手绘POP的种类与特点

1. 手绘POP的种类

POP种类多样，根据表现形态可分为悬挂式、立体式、卡片式、张贴式；按题材可分为节日庆典类、工艺广告类、商品商业类、校园生活类、餐饮美食类、体育经济类等；依材料属性可分为金属、木材、塑料、纸张类等；按功能可分为销售类和装饰类。就幼儿园环境、条件而言，可采用纸质装饰类、节日庆典类或校园生活类，以悬挂式、立体式、卡片式、张贴式的形式加以表现。

2. 手绘POP的特点

简单说，手绘POP具有版式布局灵活多变，色彩搭配鲜艳醒目，字体易认易读，插图幽默夸张，图文并茂的特点。优秀的POP作品能够营造热烈的环境氛围，具有较强的亲和力。由于POP作品是借助其专用工具手绘而成的，因此它还具有较大的机动性，灵活且快捷，制作成本低，形式变化多而传达速度快，反馈信息准等特点。

手绘POP的形式、特点与幼儿认知特点、幼儿园教育环境创设的一般规律之间，具有较高程度的一致性。从这个意义上讲，对手绘POP的学习掌握，可以有效丰富和强化幼儿教师的基本技能。

图6-20　麦克笔

（二）手绘POP的工具材料

手绘POP常用工具有麦克笔（记号笔）、色铅笔、色粉笔和毛笔。

麦克笔按笔尖形状分方尖头、圆头和宽平头三种；按颜料的性质分为酒精、水性和油性三种。相对而言，记号笔较为便宜，是初学者练习的最佳工具。

色铅笔分为水溶性和蜡质两种。水溶性色铅笔较为常用。

色粉笔也叫粉彩笔、粉画笔。是一种非主流但很有个性的绘画工具。

毛笔。普通白云笔或水粉笔即可。

载体材料上，可选用素描纸、水粉纸、卡纸、铜版纸、新闻纸等。

（三）手绘POP步骤

工具材料准备：红、蓝、黑色记号笔，普通画纸或白色铜版纸（练习可在挂历纸背面进行），字帖，直尺，铅笔等。

1. 打格。在纸上画5×5厘米大小或大一点的格子。

2. 起稿。可参照变体美术字变化规律设计字体，然后用单线绘写文字骨骼。

3. 绘写。用麦克笔（记号笔）或毛笔按照文字骨骼线依次绘写，期间不要反复。最后对文字加以修饰或装饰。

手绘POP需注意以下要点：

一是以简练、单纯、视觉效果强烈为绘写根本要求。

二是注意图形与色彩的展示，文字与内容的有效结合。

三是文字绘写自上而下，从左至右运笔；笔画只有横、竖、斜，没有点、撇、捺；遇"口"放大，字体扩充；摆脱日常写字习惯；书写时要统观整体，灵活布局。从这点看，POP文字不是"写"出来的，而是"画"出来的。如此，才能做到字

图6-21　POP文字绘写练习

形活泼,结构方正,笔画夸张,醒目大方,独具韵味。

图 6 - 22 　手绘 POP 作品

思考与练习

1. 临摹宋体、黑体美术字各一幅。
2. 以学校名称为内容,创作宋体、黑体美术字各一幅。
3. 观察日常生活中的变体美术字。自行设计变体美术字。
4. 以"六一"节为设计背景,手绘 POP 作业一幅。要求字体色彩靓丽,构图协调美观,符合幼儿审美特点和幼儿园教育环境。

教学图例

幼儿园新学期开学了

图 6 - 23

幼儿园新学期开学了

图 6 - 24

图 6 - 25

图 6－26

图 6－27

图 6－28

图 6－29

图 6－30

图 6－31

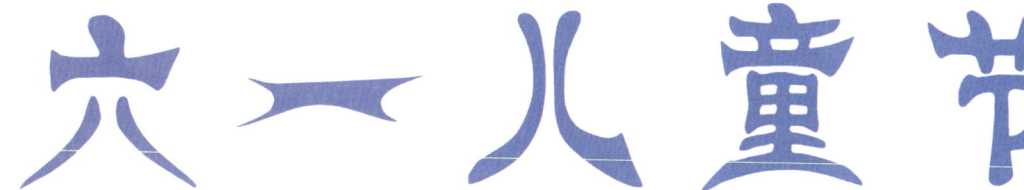

图 6－32

图 6－33

图 6－34

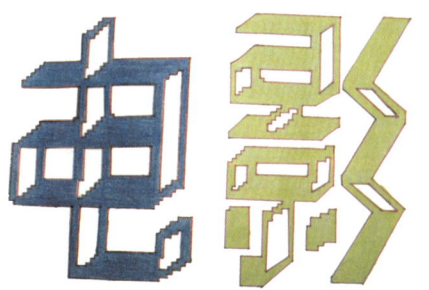

图 6－35

图 6－36

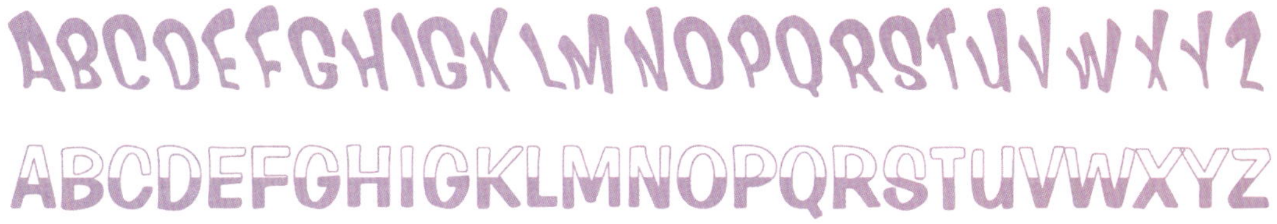

ABCDEFGHIGKLMNOPQRSTUVWXYZ
ABCDEFGHIGKLMNOPQRSTUVWXYZ

图 6－37

ABCDEFGHIJ
KLMNOPQR
STUVWXYZ

图 6－38

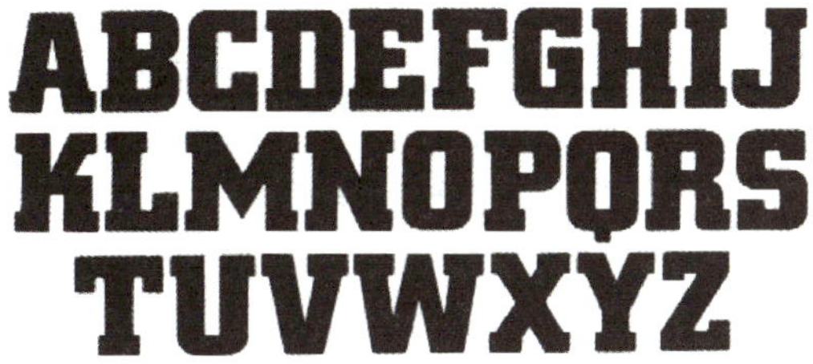

ABCDEFGHIJ
KLMNOPQRS
TUVWXYZ

图 6－39

12345
67890

图 6－40

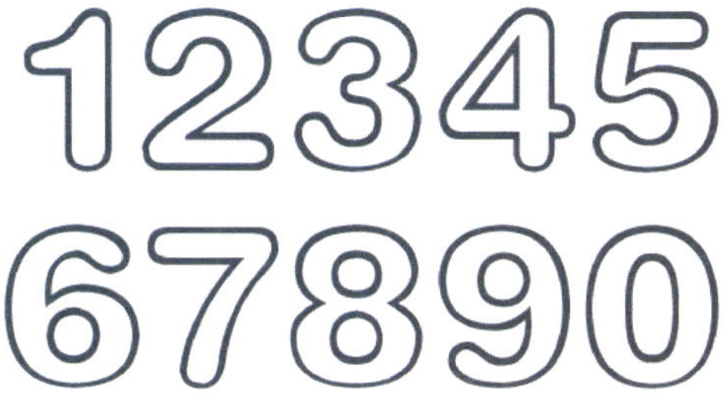

12345
67890

图 6－41

1234567890

图 6－42

1234567890

图 6－43

图 6－44

祝福芬芳美丽鲜
花店北京周口店旧址
周年老店周年庆正

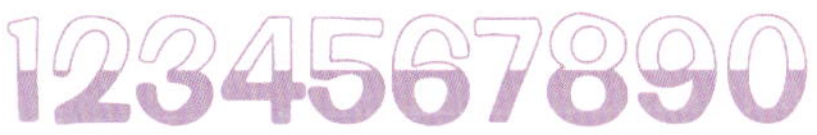

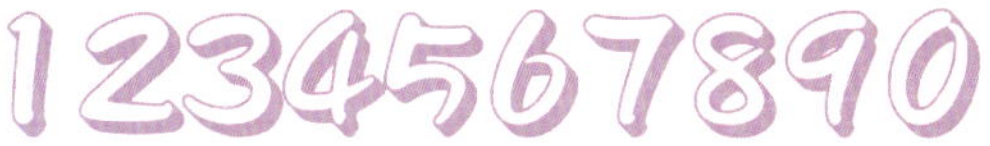

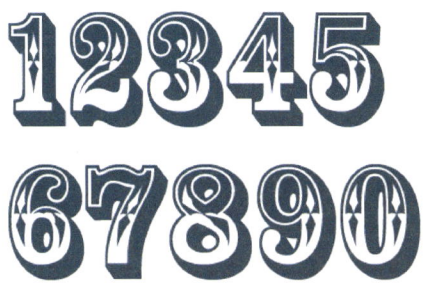

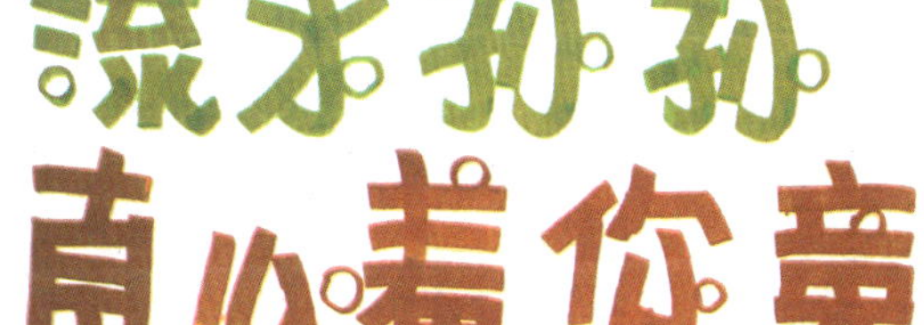

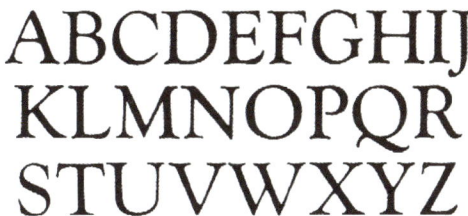

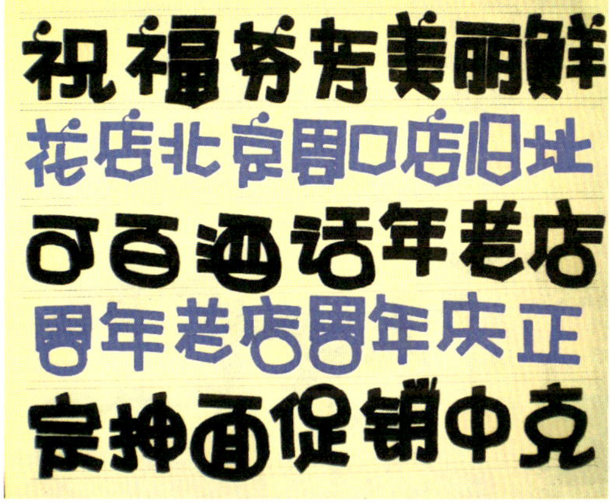

图 6－45

图 6－46

图 6－47

图 6－48

图 6－49

图 6－50

图 6－51

图 6－52

图 6－53

图 6－54

图 6－55

图 6 - 56

图 6 - 57

图 6 - 58

图 6 - 59

图 6 - 60

图 6 - 61

图 6 - 62

图 6 - 63

图 6-64

图 6-65

图 6-66

图 6-67

图 6-68

教学单元七

招 贴 与 贺 卡

招贴与贺卡在幼儿园有一定的实践应用,因此本单元的教学重点应突出其设计与制作的方法,同时在内容、形式的选择上应体现幼儿教师教育特色和学前教育特点,尤其是招贴应少一点"商"味,多一些符合幼儿心理年龄特征的文化气息。鉴于本单元教学内容在某一时间点上具有极强的时效性和应用性,教学活动应与学校、班级或学生实习幼儿园相应的文艺、体育、社团或节日等活动紧密结合,并以此为背景进行教学实践。

经济社会发展与发达的显著标志之一就是广告的兴盛。当今社会,广告无处不在,无时不有,它已成为我们生活的一部分,并不断影响着我们的生活和思想。招贴就是其重要媒介之一。

就幼儿园而言,招贴是幼儿园对外宣传、节日庆典、教育教学等活动中常用的广而告之形式,同时它以风格多样、直观生动、符合幼儿审美要求等简洁明快的传达方式,对幼儿的言行产生着潜移默化的影响与规范。

网络时代赋予贺卡新的形式,并使贺卡的传递更加快捷便利。然而,纸质贺卡依然具有不可取代的优势,特别是自制贺卡,它的独创性不仅给亲人和好友带去温馨与欣喜,使节日的氛围更加浓郁,同时它还是一种亲情、友情或爱情传达的信物。贺卡制作也是幼儿园艺术领域的教学内容之一。

一、招贴

招贴,亦称海报,是根据一定的立意构思,通过巧妙设计,组合图形与文字,张贴在街道或公共场所,以达到信息传达或宣传目的的一种艺术形式。

(一)招贴的种类和特点

1. 招贴的种类

招贴意在"借张贴以广招徕",由于"张贴"的内容信息、"招徕"的对象不同,其种类也就不一。一般来讲,招贴大致可分为公共招贴、商业招贴和艺术招贴三大类。商业招贴以营利为目的,公共招贴和艺术招贴是非商业性的招贴。幼儿园最常用的多是公共招贴。如:欢迎招贴("欢迎小朋友入园"),庆典招贴("庆祝建园××周年"),节日招贴("祝小朋友六一节快乐")和公益招贴("爱护环

图7-01 公益招贴

境")等。它们都具有一定的思想性和教育意义。

2. 招贴的特点

招贴不同于绘画,绘画是主观的、欣赏的,招贴是客观的、传达的,是集平面设计和绘画为一体的传播媒体。它具有三个特点。

一是传达性。它以简洁的文字和图形组合传递主题和内容等信息。也就是说,招贴是一种信息传递的媒介,具有强烈的视觉传达效果。

二是图形性。招贴的表现语言由图形、文字和色彩构成,其核心是图形语言,图形直接影响招贴的整体效果和信息能否有效传达。无论是具象图形还是抽象图形,首先要考虑的是如何运用图形语言来准确、快速传递信息,无须过多的文字解释,以达到"以形寓意"的效果。

三是审美性(艺术性)。招贴以图文并茂的形式实现了功能与审美的统一。其作品无论是在创意、色调的整体感上,还是在造型、构成、制作技法的形式感上都能够给观众以美的享受。

由于招贴选择题材、表现内容的不同,其艺术形式和表现风格也各有特点。通常有写实风格、抽象风格、装饰风格和漫画风格等。幼儿园常用招贴多以画面构成简洁,形象选择活泼生动,色彩配置鲜艳跳跃为宜。

(二)招贴的设计与制作

1. 招贴的构成要素

招贴由文字、图形和色彩等视觉元素构成。

文字是指标题、正文或宣传语等。

图形主要包括主题形象、基图或插图、Logo 等。

色彩主要指画面整体色调、图文色彩配置等。

图 7-02　商业招贴

图 7-03　公共招贴

2. 招贴的设计要求

招贴是一种经过精心设计的、有目的传播信息的艺术形式。在设计时,首先要对招贴的用途、主题进行深入研究,并对招贴所要张贴的环境进行调研分析,以便在制作材料、大小以及张贴数量上做好计划。在此基础上,应把握以下两点进行设计。

一是主题鲜明。无论是文字语言还是图形语言都需要准确表现所要表达的主题,即宣传什么,传达怎样的信息(图 7-03)。

二是创意和视觉冲击力的把握。招贴需要以新奇的看点来吸引人们的注意并传达信息。因此，招贴需要有强烈的视觉冲击力。只有这样才能在瞬间抓住观众的眼球并准确传达信息。招贴中使用有创意的、突出的形象和色彩都能强化视觉冲击力。

招贴的大小可视内容、张贴环境而定。一般有全开、对开、长三开和四开等多种规格。也有更大规格的招贴（图7-04）。

图 7-04　艺术招贴

3. 招贴的绘制步骤

招贴的绘制大体上可分为4个步骤。

（1）绘制准备。依确定的主题，全面理解、领会招贴主旨；参阅各类相关资料，选择合适的表现形式和手法。

（2）勾画草图。根据招贴所要表达的主旨，将设计构思勾画在草稿纸上（小草图）。勾画小草图的目的是为了直观展现构思与立意，以及招贴的构图和整体效果，所以不必拘泥于各构成要素的细节上。在此环节，可以多种构图、风格或表现形式设计多个小草图，以便从中选择最为理想的设计图稿（图7-05）。

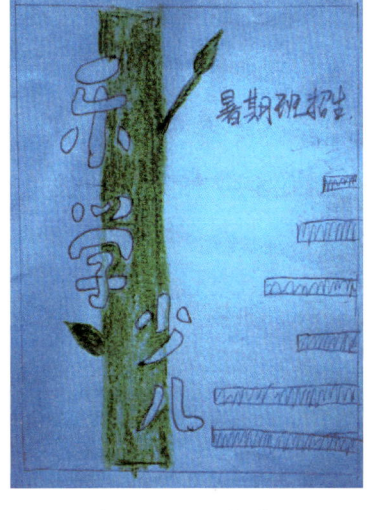

图 7-05　小草图

（3）设计图稿（放大草图）。选定一张或两张比较满意的小草图放大至招贴原大，明确标示出标题、插图的位置与色彩效果，正文则用双直线或小方格代表字数和段落，双直线与双直线之间的距离或方格的大小代表字的行距和字的大小。此环节要注意画面中各细节部分的处理与表现。

图7-06 设计图稿

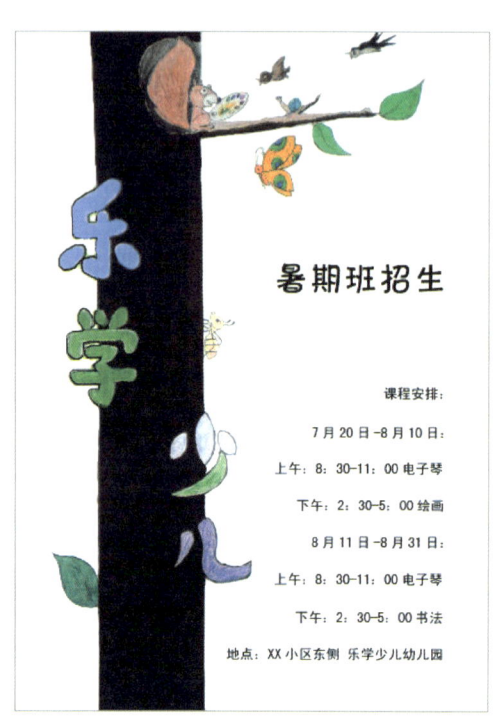

图7-07 完成稿

放大草图是招贴设计的重要环节。有些小草图放大至招贴原大后，整体效果会发生变化，甚至失去原画面的意味与协调。这时，须对放大稿作进一步调整，或重新安排画面各构成要素的比例、位置、形态和色彩等，必要时，要对整个画面进行再创作。

图7-08 幼儿园作品展招贴

（4）招贴绘制。根据放大的草图进行招贴绘制。首先，绘制主题图形，或将选好的主题图形粘贴在招贴纸上。须注意的是，色彩是招贴的"魂"，为了使招贴达到理想的效果，绘制时要注意对色彩的整体把握；其次，绘写或粘贴主副标题文字；再次，绘写或粘贴正文文字。注意标题文字与正文文字在字体、颜色、大小上的区分；最后，调整修饰。特别要关注整体与局部、细节的修整与调节。

伴随计算机图形、图像技术和制作软件的快速发展，批量性招贴多由计算机制作取代手工绘制。高效快捷的计算机图文设计，配以彩色打印机的批量喷绘，使计算机绘制的招贴拥有诸多优势。然而，一些临时性、用量较少的招贴仍以手工绘制为主。手工绘制招贴以制作成本低、周期短、简便易行等特点深受幼儿园欢迎。制作中主要用记号（马克）笔或水粉颜料等工具进行绘制，同时还可辅以插图或即时贴等材料来进行剪贴制作。

图 7-09、10 手绘招贴

图 7-11、12 机绘招贴

二、贺卡

贺卡又称贺年片或贺年卡,是人们在节日或喜庆的日子里互相表示问候或庆贺的一种卡片,是人与人之间表达感情的方式之一。贺卡上一般有祝福的话语和装饰纹样、图形。

在幼儿园,幼儿自制贺卡,不但节省经济开支,还能废物利用,在表情达意的同时,还发展了幼儿的动手动脑能力,是培养幼儿创造性思维的一种有效途径。从这个意义上讲,贺卡制作是幼儿教师的教学技能之一。

(一)贺卡的种类和形式

按外观形态分,贺卡可分为平面贺卡和立体贺卡,规则贺卡和不规则贺卡,有横式、纵式或物象式等多种样式;按用途分,又可分为节日贺卡、生日贺卡、教师贺卡、婚庆贺卡等。此外,贺卡还有单页、双页、四页和多页之分,或有发声、发光、散发香味之别。

图 7-13 平面贺卡

图 7-14 立体贺卡

(二) 贺卡的设计与制作

1. 贺卡的设计要求

(1) 主题明确。首先要为设计的贺卡确定主题,并且根据主题来选材。送给老人的贺卡,可选用寿桃、寿星、梅花等吉祥纹样。送给孩子的贺卡,可选用小动物、卡通形象作为插图。在拟定设计方案时,也可以把被赠送人的喜好作为设计元素融入贺卡。

(2) 形式新颖。贺卡设计在形式上可不拘一格,别出心裁;色彩使用上可以用强烈对比为基调,形成喜庆风格,也可用弱对比形成典雅清新的格调;在制作技法上除绘画、粘贴外,还可运用转印、吸附、垫衬、开窗、喷绘、镂空、漏印等多种方法。

此外,用什么样的材料、工具制作,如何折页等都在设计构思的范畴。总之,贺卡的设计要在内容和形式上形成高度的统一。

2. 贺卡的绘制步骤

贺卡制作材料选择得当,会使贺卡更为精致、典雅,能够有效增强贺卡的形式美。所以,一般要选择较硬的纸张或各色卡纸。练习时可选用挂历纸、包装纸或素描纸,但要注意纸张的整洁。根据制作内容与形式选择相应的画种、备好工具。如,铅笔、毛笔、彩色铅笔、彩笔、颜料、橡皮、尺子、剪刀、美工刀、双面胶、胶水等。具体绘制过程与步骤如下所示。

(1) 平面贺卡绘制

① 16 开卡纸对折,将两面分为 4 页。选其中一个页面为封面(图 7-15)。

② 在封面上用铅笔具体描绘设计图,然后用黑色签字笔勾勒线条(图 7-16)。

③ 用彩笔、彩色铅笔或水粉色依设计构思分别上色(图 7-17,18)。

④ 将贺卡需要镂空部分依轮廓线剪刻。然后,按首次对折线再次明确贺卡折叠线,使其流畅平整,打开。以折叠线为依据,在内页面画上或贴上之前准备好的内容或剪贴画,并在适当的位置(注意留白)用彩笔画上横线,备写祝福语(图 7-19)。祝福语是贺卡最为重要的内容之一,言语要体现主题。祝福语可直接写在贺卡上,也可打印粘贴。

⑤ 调整修饰,完成(图 7-20)。

图 7-15　步骤一

图 7-16　步骤二

图 7-17、18　步骤三

图 7-19　步骤四

图 7-20　步骤五

（2）立体贺卡绘制

立体贺卡的制作过程和步骤大体与平面贺卡一致。所不同的是，上色且干后，要把每个部分依外轮廓线剪下，并粘贴在适当的位置。粘贴时注意粘贴的方式方法，一般以纸条反复折叠做连接物或直接使用泡沫双面胶。（图7-24），以便形成立体状。具体操作时可借鉴幼儿园半立体墙饰的相关制作技法。祝福语填写位置与写法同平面贺卡。

图 7-21　步骤一

图 7-22　步骤二

图 7-23　步骤三

图 7-24　步骤四

图 7-25　步骤五

思考与练习

1. 在教师组织下，学生以小组为单位收集、整理一些招贴作品，并与全班同学分享，说明其类别，并以所掌握的有关知识进行分析评价。在此基础上，总结归纳幼儿园常用招贴的绘制要求与特点。

2. 在教师指导下，绘制一幅适合幼儿园环境的招贴。规格要求4开，形式内容不限。

3. 以"六一"儿童节为主题，分别设计制作平面贺卡和立体贺卡各一份，并在班内分小组互评。

教学图例

图 7－26

图 7－27

图 7－28

图 7－29

图 7 - 30

图 7 - 31

图 7 - 32

图 7 - 33

图 7 - 34

图 7 - 35

图 7 - 36

图 7 - 37

图 7 - 38

图 7 - 39

图 7 - 40

图 7 - 41

图 7 - 42

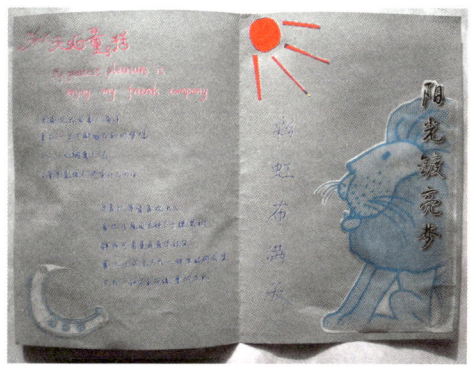

图 7 - 43

图 7 - 44

图 7 - 45

图 7 - 46

图 7 - 47

图 7 - 48

图 7 - 49

图 7 - 50

图 7 - 51

教学单元八
幼儿园常用平面设计与装饰

教学提要

　　本单元从幼儿园教育环境和班级教育环境两方面,分别从呈现内容、功能作用、设计要点、直观图例等四方面阐述说明幼儿园常用平面设计与装饰。这也是图案基础知识技能教育实践中的应用。教学中应注意把握两点:一是以熟悉幼儿园、班级环境为前提;二是将幼儿教育学、心理学以及绘画和手工等有关知识,特别是图案基础知识有机融入教育环境的设计与装饰,并能结合幼儿园(班级)具体环境条件,创作设计装饰效果图或制作具体装饰设计图,以达到学以致用、举一反三的目的。

　　就幼儿园范畴而言,平面设计与装饰是按照一定的目的、功能和形式美的法则,将文字、基本图形或纹样组合成图案集合,以达到传达沟通、修饰美化的效果,它是幼儿园教育环境营造的重要形式之一。一方面,它对幼儿园文化建设和树立和谐美好的视觉形象起着举足轻重的作用;另一方面,伴随幼儿园课程改革与创新,教育环境作为“隐性课程”已经上升到与幼儿一日活动并重的地位,教育环境创设、文化氛围营造成为幼儿园课程与实施的重要因素。

　　根据幼儿园内部环境功能,幼儿园环境可分为两大类。一类是园级环境。即全体幼儿、家长、教师及其他相关人员使用的区域环境。如,幼儿园大门、门厅、楼梯(电梯)、通道、操场、专用教室等;一类是班级区域环境。即班级幼儿、教师、家长使用的区域或专门的活动区域。如:各班活动室、功能室、寝室以及相邻的门廊、阳台等。

　　针对幼儿园教育的一般规律和幼儿身心发展特点,教育环境设计与装饰须把握以下基本原则:一是突出互动性与自主性;二是体现立体性、合作性、艺术性及特色性;三是展示、支持幼儿的学习和生活;四是具有潜移默化的教育功能。相对而言,设计装饰园级环境时,在形式内容、造型设计、色彩搭配或表现手法等方面不宜花哨,应突出幼儿园环境创设主题和特色。设计装饰班级区域环境时,则可大胆一些,可根据年龄班特点做必要渲染或夸张,体现与众不同。

　　总之,在设计装饰区域环境时,教师应以幼儿为本,从幼儿的年龄特点和教育规律出发,凸显隐性课程在幼儿与环境互动中的价值,从课程建构和教育资源研发的层面,将物质环境与精神环境创设有机统一,自然融入幼儿园课程,努力营造和谐温馨、轻松愉悦的教育环境,全面促进幼儿健康发展。

一、园级环境常用栏目和标识

(一)展示、告示栏的设计

　　展示、告示栏是幼儿园传递各种公开告知、展览宣传、民主监督等信息内容的物质载体。

1. 幼儿园宣传展示栏/公告栏

呈现内容：幼儿园概况、特色,办园宗旨等;幼儿园大事、通知、公告、公示等。

主要功能：树立形象,宣传展示幼儿园,政务、财务公开,使外界人员了解幼儿园;幼儿园告知、提醒教师或家长近期重要活动、事项和安排。

设计要点：布置地点在门厅或幼儿园入口处。版式设计应简洁明了,便于阅读浏览;装饰纹样、色彩运用不宜过多,以免喧宾夺主;标题文字一目了然,以规范黑体或宋体为宜,内容组合图文并茂。

图 8-01　幼儿园大事记设计图

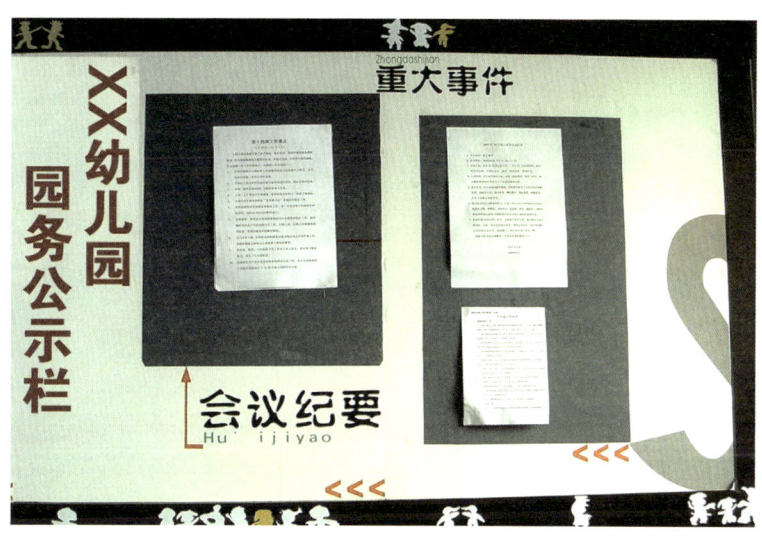

图 8-02　幼儿园公示栏实图

2. 幼儿园教科研成果栏/教师信息图示栏

呈现内容：教科研项目、成果,科研活动剪影等,争先创优,人员构成,教师信息、风采、荣誉等。

主要功能：成果展示,表彰奖励,教师推介,宣传展览。

图 8-03　教师风采实图

图案·装饰

设计要点：布置地点在门厅、展览厅或园史室。版式设计符合观众阅读习惯；表格、数据、文字的排列与编配整齐规范；装饰纹样、色彩运用等应注意变化与统一。切忌杂乱无章，零散堆砌。

图 8-04　教师信息栏设计图

图 8-05　幼儿园教科研成果展示设计图

3. 卫生保健宣传栏

呈现内容：幼儿园卫生保健常识，计划免疫，疾病预防知识与措施，注意事项等。

主要功能：帮助、提醒家长了解相关的卫生保健常识，做好幼儿预防与家园共育工作。

设计要点：布置地点在幼儿园大门外墙或园内醒目墙壁处。版式设计直观明了，标题文字醒目，内容组合图文并茂，形式多样，便于家长理解记忆。

4. 幼儿食谱或餐点表

呈现内容：幼儿每周或每日餐点安排。

主要功能：体现幼儿园膳食搭配的科学性和合理性，增强幼儿园餐饮工作的透明度，便于家长了解幼儿在园餐点情况，合理安排幼儿家庭饮食。

设计要点：版式设计受具体内容制约，形式上可相对活泼、自由一些。所填补的具体餐点内容注意活动性和便捷性，表现形式可以是图片或是文字，也可图文结合。其关键是既便于家长阅读了解，又便于幼儿观看理解。

图 8-06　幼儿园卫生保健宣传栏实图

图 8-07　幼儿园一周食谱实图

常见的幼儿园宣传栏、信息栏、公告栏等，以横式构图和竖式构图居多。在设计时，无论横、竖构图都需要根据具体呈现内容进行版面设计和必要的内容编排，即画设计小样。这一过程就是将标题、文字、装饰纹样或插图合理地安排在同一基调的版面上。

图 8-08 提供了四种横式构图和三种竖式构图的版式设计，以供教学实践参考和进一步理解。

图 8-08　幼儿园常用平面设计图例

图8-09　社会公共标识设计图例

（二）幼儿园常用标识

幼儿园常用标识是以明显、易识别的形象、图形或文字符号为直观语言，来传递信息或引起注意的传达媒体。具有信息传递、意义表达、情感和行动指示等功能。

呈现内容：幼儿园设施设备位置，对幼儿或教师的行为要求与规范，须要提示、警示或禁止的言行举止等。如：危险、注意××、禁止××、保持安静、节约用水、区角满员等。幼儿园多用到的是提示性、养成性和认知性标识。

主要功能：起标记、告知，规范、提醒、警示，禁止等作用。从认识到遵守，并逐步与社会公共标识接轨，奠定幼儿社会规范基础。

设计要点：通过对幼儿园常用标识的理解，结合幼儿认知特点和幼儿教育规律，应充分发挥想象力，用不同的表现方式，将设计要素融入标识设计中，以达到功能显著、意义深刻、指向明显、造型生动、色彩搭配合理等设计要求。达意、易识别是标识设计的首要因素，只有含义明确、容易辨别和记忆、造型简洁、特点鲜明的标识，才能突显出来，并发挥作用。

需进一步明确的是，与社会公共标识不同，在功能和形式上，幼儿园常用标识不可盲目追求严谨、规范或设计元素完美体现，而应构图简单、色彩鲜明、形象、图形直观生动，富有童趣，少文字，易于幼儿辨识，并能吸引幼儿注意力，既具有标识性又具趣味性。所以，在设计标识时，应考虑以下几个特点：

1. 传递信息。鲜明的事物形象有助于幼儿认知。比如让幼儿知道今天吃什么，就可以在食谱表上使用鱼、蛋、蔬菜、瓜果等图形的标识。

2. 明确归属。直观形象的标识有助于幼儿区别事物归属，形成物归原处的良好习惯。如：在幼儿的茶杯、床铺等显著位置贴上相应的标识。

图8-10　鱼形标志

3. 规范行为。没有规矩不成方圆。幼儿的各种活动和行为有了规矩就有了安全和秩序。规范性标识可以有效建立和规范幼儿的规则意识。如：在楼梯处贴上右行标识并在台阶上画上小脚丫，幼儿自然就会理解。又如：在游乐园的滑梯、秋千等醒目位置贴上"请勿拥挤"、"请勿推搡"的形象标识，会使幼儿的活动更加安全有序。

事实上，幼儿园的常用标识大多是教师和幼儿共同设计、制作完成的。

图8-11　请靠右行

图 8-12 休息中勿扰

图 8-13 请勿大声说话

图 8-14 保持安静

图 8-15 小心地滑

图 8-16 请小声说话

图 8-17 节约粮食

图 8-18 禁止嬉戏

二、班级常用标识和图表

（一）门贴与班级标志牌

呈现内容：年龄班班级名称和图标。

主要功能：标示年龄班所处位置，传达各年龄班的名称和特点。如：大班、中班、小班，××水果班；××动物班等。

设计要点：版面设计要简洁、美观，凸显班级名称，所选图形或造型设计符合班级幼儿年龄特点，体现班级特色。

图8-19　中二班

图8-20　小一班

图8-21　中一班

图8-22　大四班

图8-23　果果班

图8-24　育婴班

图8-25　彩虹班

图8-26　梦幻班

图8-27　豆豆班

图8-28　咩咩班

图8-29　小兔班

图8-30　小虎班

图 8-31　智慧树

图 8-32　科学探究室

图 8-33　创意坊

图 8-34　乖乖果冻

（二）班级栏目

呈现内容：幼儿与家长活动展示，幼儿发展评价，幼儿各种作品展示，幼儿值日生，幼儿生日等情况。如，亲子栏、评比栏、值日表、生日表、出勤表等。

主要功能：全面反映幼儿学习与生活情况，增强幼儿自信心，加强幼儿间、幼儿与家长间的互动与交流，提高幼儿社会性发展。

设计要点：注意栏目、图表整体效果的营造，主题鲜明，层次清晰；形式选择丰富多样、灵活多变；色彩配置与班级环境色调相协调。不同年龄班可根据本班特点，结合年龄班、学期等教育目标有选择地进行设计、设置。

图 8-35　家园之窗

图 8-36　宝贝之家

图 8-37　家园亲

图 8-38　信息快递

图 8-39　信息之窗

图 8-40　家园直通车

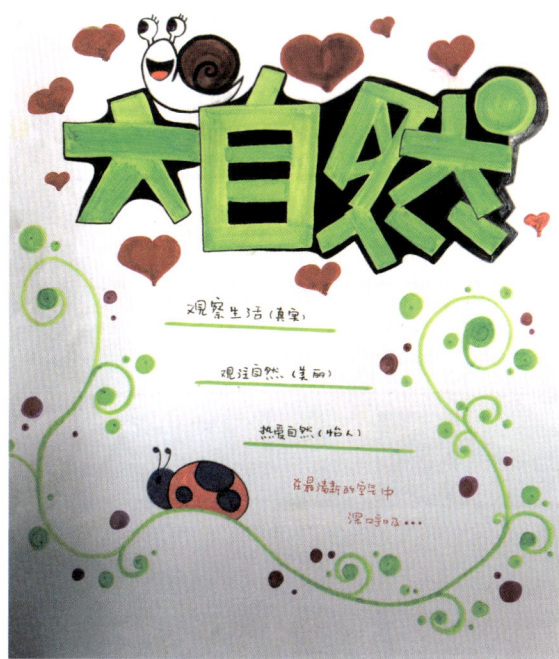

图 8-41　大自然

图 8-42　作品展示栏

图 8-43　快乐生活

图 8-44　作品展示栏

图 8-45　小小艺术家

图 8-46　安全用电

图 8-47　作品展示区

图 8-48　展示区

图 8-49　图案作品展示栏

（三）幼儿信息图表与主题活动网络图

呈现内容：幼儿年龄、性别、民族、爱好、参与活动等基本信息；主题教育活动信息反馈与活动效果呈现。

主要功能：便于教师了解、掌握幼儿基本情况；增强幼儿间的互相了解与交流；直观反映教育教学内容，使主题教育活动更加科学化、系统化，增强幼儿与教育环境的互动；便于师生共同总结回顾、复习巩固有关知识。

设计要点：主题突出，图形与文字相结合，用色相对活泼，注意项目、内容等要素的合理安排。主题活动网络图应留出必要的互动区，便于幼儿阅读和参与；关注视觉流程，切忌呆板、枯燥。

图 8-50　幼儿信息表

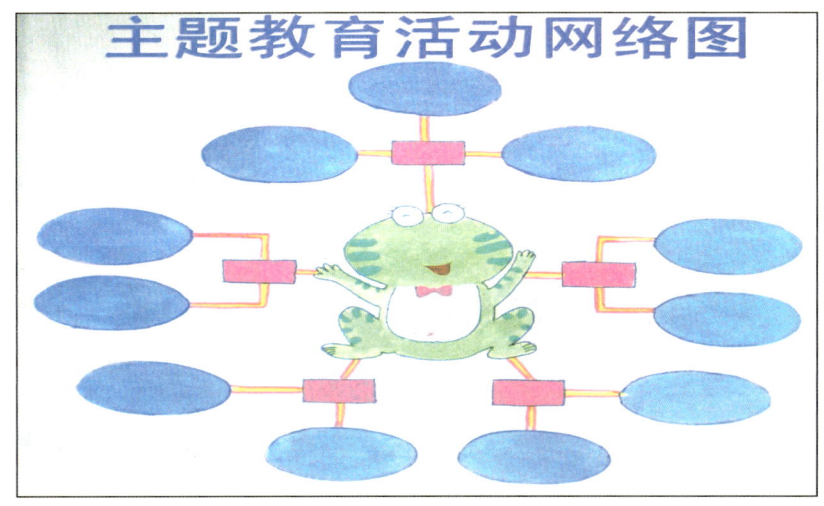

图 8-51　主题活动网络图

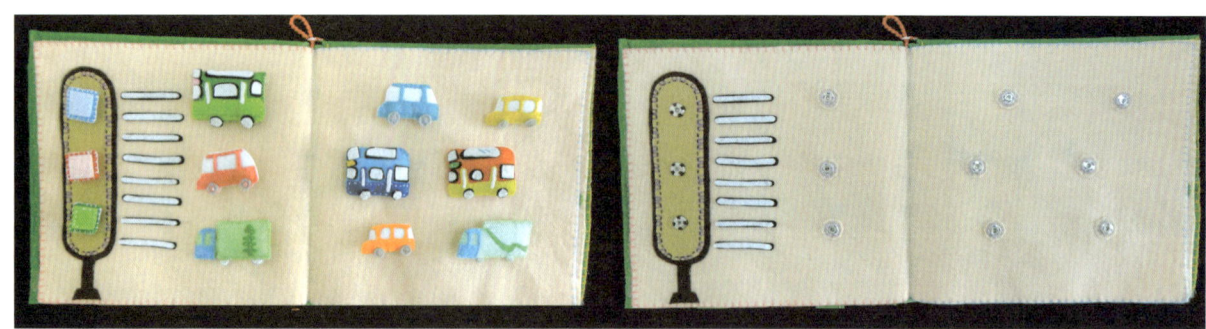

图 8-52　主题活动配套教具

图 8-53

三、幼儿园装饰资料举例

幼儿园装饰资料的内容是极其丰富的,包括自然、社会、科学、健康、生活常识、精神生活等多方面的内容。可以说凡适合幼儿认知、学习、观察、欣赏的,促进幼儿情感、态度、能力、知识、技能等方面和谐发展的有关内容均可。这里所列举的装饰资料只是幼儿园常用的装饰资料的一部分,起举一反三、启发引导作用。实践中,它既可以作为装饰元素运用,也可直接使用。

鉴于幼儿园的性质,装饰资料的筛选应从幼儿的年龄特征、身心发展特点出发,充分满足幼儿的兴趣爱好和审美要求,选择具有教育性、科学性、艺术性和趣味性的装饰内容。同时,根据幼儿园的实际情况和区域文化特色,选择与幼儿生活环境相适应的题材进行设计制作。将幼儿的学习、教育目标和实际装饰需要结合起来,创作出幼儿喜爱的装饰作品。

(一)单体装饰资料

多为独立纹样的延伸运用。适用于小型区域的美化与点缀。如:指示牌、门标、图表装饰、区角装饰等。实际应用中可根据具体装饰需要进行灵活的重复叠加和发展变化,以达到装饰目的。

图 8-54　　　　　　　　　　　　　　图 8-55

图 8 - 56

图 8 - 57

图 8 - 58

图 8 - 59

图 8 - 60

图 8 - 61

图 8 - 62　　　　　　　　　　图 8 - 63

图 8 - 64　　　　　　　　　　图 8 - 65

图 8 - 66

图 8－67

图 8－68

图 8－69

图 8－70

图 8－71

图 8－72

图 8－73

图 8－74

图 8－75

图 8－76

图 8－77

图 8－78

图 8－79

图 8－80

图 8－81

图 8－82

图 8－83

图 8－84

图 8－85

图 8 - 86

图 8 - 87

图 8 - 88

图 8 - 89

（二）综合装饰资料

多为连续或组合纹样的延伸。在形式和构图上更加丰富，样式多变化，且以幼儿喜欢的主题、艺术形象和风格为主导。近年来，特别是绘本形式的装饰绘画在幼儿园装饰应用中也十分普遍。

总之，综合装饰比较适合幼儿园较大区域或系列化、主题化的装饰应用。如：主题墙、门厅、过道等。

图 8－90

图 8－91

图 8－92

图 8－93

图 8－94

图 8 – 95

图 8 – 96

图 8 – 97

图 8 – 98

图 8 – 99

图 8 – 100

图 8 - 101

图 8 - 102

图 8 - 103

图 8 - 104

图 8 - 105

图 8 - 106

图 8 - 107

图 8 - 108

图 8－109

图 8－110

图 8－111

图 8－112

图 8－113

图 8－114

图 8－115

图 8 - 116

图 8 - 117

图 8 - 118

图 8 - 119

图 8 - 120

图 8 - 121

图 8-122

图 8-123

图 8-124

图 8-125

图 8 – 126

图 8 – 127

图 8 - 128

图 8 - 129

图 8 - 130

图 8 - 131

图 8 - 132

图 8 - 133

图 8 - 134

图 8 - 135

图 8 - 136

图 8 - 137

图 8 - 138

图 8 - 139

思考与练习

1. 设计绘制提示性和禁止性标志各一个。

2. 设计绘制不同系列班牌或门贴各一个(水果系列或动物系列)。

3. 设计制作幼儿生日栏、出勤栏、气象观察栏各一幅。

4. 主题自定,设计制作一套完整的主题教育活动网络图。

5. 从装饰资料中选择图 3—4 幅作品临摹,并尝试创作装饰作品一幅。

图案 ■ 装饰

参考文献

1. 魏诗国:《图案》,四川教育出版社 1994.05。

2. 人民教育出版社幼儿教育室:《图案》,人民教育出版社 1987.11。

3. 四川省幼儿教育师资培训中心:《幼儿园环境创设》,四川人民出版社 2003.03。

4. 袁由敏:《图形设计教程》,浙江人民美术出版社 2006.01。

5. 欧阳超英,江南:《快速掌握设计诀窍》,湖北美术出版社 2006.12。

6. 王峰,魏洁,张明明:《装饰图案设计》,上海人民美术出版社 2009.01。

7. 黄宗湖:《基础图案设计手册》,广西美术出版社 2010.01。

8. ArtTone 视觉研究中心:《POP 设计从入门到精通》,中国青年出版社 2009.07。

9. 人民教育出版社美术室:《图案》,人民教育出版社 1998.12。

10. 人民教育出版社美术室:《美术》(第 2 版),人民教育出版社 1996.12。

11. 人民教育出版社美术室:《美术》(第 3 版),人民教育出版社 2000.05。

12. 华东七省市、四川省幼儿园教师进修教材协编委员会:《美术》,上海教育出版社 1987.08。

13. 陈小珩:《美术基础》,中国人民大学出版社 2006.12。

14. 周廷栏:《波斯图案》,河南美术出版社 1992.05。

15. 宗卫,黄载文:《美术》,河海大学出版社 2004.06。

16. 赵茂生:《装饰图案》,中国美术学院出版社 1999.01。

17. 罗鸿:《基础图案设计》,中国纺织出版社 2006.06。

18. 柯建军:《文字》,西安交通大学出版社 2005.01。

19. 刘晓宏:《创新设计方法及应用》,化学工业出版社 2006.07。

20. 北京 010 美术培训中心设计部编委会:《艺术设计基础教程》,中国国际广播出版社 2006.09。

21. 倪伟,陈虹,朱国勤:《字体设计》,上海人民美术出版社 2006.01。

22. 李向伟:《艺术设计》,安徽美术出版社 2004.07。

23. 张羿,正南:《文字设计》,湖南大学出版社 2004.08。

24. 杨宇舟,王长进:《手绘 POP 技法手册》,江苏美术出版社 2009.06。

25. 王猛:《手绘 POP 标题字精编》,辽宁美术出版社 2009.01。

26. 王维因:《手绘 POP 设计》,华中科技大学出版社 2010.10。

27. 徐秉楠:《美术字》,人民美术出版社 1982.05。

28. 沈卓娅:《字体设计》,高等教育出版社 2003.08。

29. 刘境奇:《广告设计》,高等教育出版社 2003.07。

30. 蒋才东:《人物基础图案》,广西美术出版社 1999.01。

31. 陆红阳:《动物基础图案》,广西美术出版社 1999.01。

32. 罗鸿:《植物基础图案》,广西美术出版社 1999.01。

33. 陆红阳:《花卉基础图案》,广西美术出版社 1999.01。

34. 李西宁:《禽鸟基础图案》,广西美术出版社 1999.01。

35. 陆海燕,黄文宪:《风景基础图案》,广西美术出版社 1999.01。

36. 北京印刷学院设计艺术学院:《北京印刷学院设计艺术学院 2011 届毕业设计作品集》,交流资料。

37. 兰州商学院艺术学院:《2011 届兰州商学院艺术学院学生毕业作品集》,交流资料。

38. http://classical. blog. 163. com/blog/static/4768615920116141030 4738/。2011－8－20。

图书在版编目(CIP)数据

图案·装饰——幼儿园平面设计与环境创设/沈建洲主编.—上海：复旦大学出版社，
2012.1（2024.7 重印）
普通高等学校学前教育专业系列教材
ISBN 978-7-309-08561-7

Ⅰ.图…　Ⅱ.沈…　Ⅲ.幼儿园-环境设计-幼儿师范学校-教材　Ⅳ.G617

中国版本图书馆 CIP 数据核字(2012)第 223440 号

图案·装饰——幼儿园平面设计与环境创设
沈建洲　主编
责任编辑/黄　乐

复旦大学出版社有限公司出版发行
上海市国权路 579 号　邮编：200433
网址：fupnet@ fudanpress.com　http://www.fudanpress.com
门市零售：86-21-65102580　团体订购：86-21-65104505
出版部电话：86-21-65642845
江苏扬中印刷有限公司

开本 890 毫米×1240 毫米　1/16　印张 9.5　字数 260 千字
2024 年 7 月第 1 版第 14 次印刷
印数 66 801—68 900

ISBN 978-7-309-08561-7/G · 1032
定价：35.00 元